Lokesh Pawar
Rohit Kumar

Avaliação do desempenho de protocolos de encaminhamento utilizando modelos de mobilidade

Lokesh Pawar
Rohit Kumar

Avaliação do desempenho de protocolos de encaminhamento utilizando modelos de mobilidade

Imprint
Any brand names and product names mentioned in this book are subject to trademark, brand or patent protection and are trademarks or registered trademarks of their respective holders. The use of brand names, product names, common names, trade names, product descriptions etc. even without a particular marking in this work is in no way to be construed to mean that such names may be regarded as unrestricted in respect of trademark and brand protection legislation and could thus be used by anyone.

Cover image: www.ingimage.com

This book is a translation from the original published under ISBN 978-620-2-07745-3.

Publisher:
Sciencia Scripts
is a trademark of
Dodo Books Indian Ocean Ltd. and OmniScriptum S.R.L publishing group

120 High Road, East Finchley, London, N2 9ED, United Kingdom
Str. Armeneasca 28/1, office 1, Chisinau MD-2012, Republic of Moldova, Europe
Printed at: see last page
ISBN: 978-620-7-95752-1

ÍNDICE

<u>RECONHECIMENTO</u>

Os pais são a melhor fonte de inspiração; dedico este trabalho ao meu pai Sh. S.P.Pawar e ao seu apoio e confiança constantes em mim.

Devo também agradecer ao meu coautor, Er. Rohit Kumar pela sua orientação perspicaz e sugestões generosas para concluir este trabalho com êxito. Estou-lhe profundamente grato por me ter dispensado o seu precioso tempo.

No final, os meus agradecimentos aos autores de todos os livros e documentos que consultei durante este trabalho, bem como na preparação do relatório.

RESUMO

A rede ad hoc móvel é um conjunto de nós móveis sem fios que formam dinamicamente uma rede temporária sem o auxílio de qualquer infraestrutura estabelecida ou administração centralizada. Os protocolos de encaminhamento numa rede ad hoc móvel ajudam os nós a enviar e receber pacotes. Neste artigo, estudamos os protocolos AODV, DSR (reativo) e OLSR, DSDV, TORA (proactivo) com base em vários modelos de mobilidade [3], tais como RPGM, CMM e RWP. Neste trabalho, avaliamos o desempenho de cinco tipos de protocolos de encaminhamento (AODV, DSR, OLSR, DSDV e TORA) com base na taxa de entrega de pacotes, no atraso médio de fim a fim, na sobrecarga de encaminhamento e na taxa de transferência. Este trabalho centra-se na análise e comparação do desempenho de protocolos de encaminhamento reactivos e proactivos sob diferentes modelos de mobilidade, utilizando o simulador NS-2 numa área de 700 x 700 m^2 .

CAPÍTULO 1

INTRODUÇÃO

1. Apresentação de Manet

Uma rede móvel Ad-Hoc (MANET) é um sistema autónomo e auto-configurável de nós móveis ligados por ligações sem fios e capazes de comunicar sem qualquer infraestrutura estática, como estações de base. Os nós das MANET são livres de se deslocarem e de se organizarem de forma arbitrária. Cada nó tem a liberdade de se deslocar enquanto comunica com os outros. O caminho de comunicação entre pares de nós pode ter várias ligações e o rádio entre eles pode ser heterogéneo [3]. Isto permite que uma associação de diferentes ligações faça parte da mesma rede. Se dois hosts não estiverem dentro do alcance de rádio um do outro, toda a comunicação de mensagens entre eles deve passar por um ou mais nós intermediários que servem como roteadores. Como exemplo, podemos pensar num grupo de pessoas com computadores portáteis, num local onde não existe qualquer serviço de rede. Podem facilmente formar uma rede ad-hoc entre as suas máquinas para facilitar a comunicação de dados. Este é um dos muitos exemplos em que estas redes podem ser utilizadas. O interesse por estas redes aumentou recentemente devido à grande quantidade de dispositivos de comunicação móvel que chegaram ao mercado, como telemóveis, palmtops, computadores portáteis, tablets, etc., que podem funcionar em bandas de radiofrequência sem licença. Os avanços tecnológicos nos dispositivos de comunicação sem fios também conduziram a preços mais baixos e a débitos de dados mais elevados. O interesse é também parcialmente alimentado pelo crescente entusiasmo pela execução de protocolos de rede comuns em ambientes sem fios dinâmicos, sem necessidade de infra-estruturas específicas. O principal desafio na conceção das redes ad hoc é o desenvolvimento de protocolos de encaminhamento dinâmicos que possam calcular eficazmente as rotas entre dois nós em comunicação. O protocolo de encaminhamento deve ser capaz de acompanhar o elevado grau de mobilidade dos nós, que frequentemente altera a topologia da rede de forma drástica e imprevisível [22].

1.1 Protocolos de encaminhamento em MANET's

O protocolo de encaminhamento MANET é um algoritmo que permite que os computadores que comunicam por rádio digital numa rede em malha se encontrem e enviem mensagens uns aos outros ao longo de um caminho razoavelmente eficiente. O encaminhamento em redes ad hoc tem sido uma área de investigação ativa e, nos últimos anos, foram introduzidos numerosos protocolos de encaminhamento para as MANET. Foram propostos muitos protocolos de encaminhamento para as MANET, mas nenhum deles tem um bom desempenho em todos os cenários com diferentes dimensões de rede, cargas de tráfego e padrões de mobilidade dos nós [3]. Cada um dos protocolos propostos baseia-se em princípios diferentes e tem caraterísticas diferentes, pelo que é necessário proceder à sua classificação. Normalmente, a classificação é feita com base em caraterísticas relacionadas com a informação que é explorada para o encaminhamento e os papéis que os nós podem assumir no processo de encaminhamento. O método de classificação mais popular baseia-se na forma como as informações de encaminhamento são adquiridas e mantidas pelos nós móveis. De acordo com este método, podemos dividir os protocolos de encaminhamento MANET em protocolos de encaminhamento proactivos, reactivos e híbridos. [7]. A Figura 2.1 mostra a classificação dos protocolos MANET.

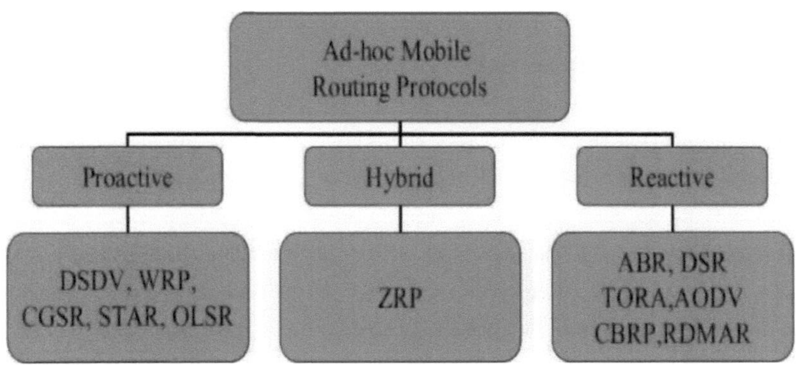

Figura: 1.1 Classificação dos Protocolos MANET's

1.2 Protocolos de encaminhamento proactivos (protocolos orientados por tabelas)

Os protocolos proactivos também são conhecidos como protocolos de encaminhamento "orientados por tabelas". Neste protocolo, cada nó mantém informações completas sobre a topologia da rede, avaliando continuamente as rotas para todos os nós. Assim, mantêm informações de encaminhamento consistentes e actualizadas. Estes protocolos são conhecidos como proactivos, uma vez que mantêm as informações de encaminhamento antes de estas serem necessárias. Todos os nós da rede mantêm informações de encaminhamento sobre como chegar a todos os outros nós da rede. As informações de rota no encaminhamento proactivo são mantidas nas tabelas de encaminhamento e são actualizadas à medida que a topologia da rede se altera. Este facto gera mais sobrecarga na tabela de encaminhamento, o que leva ao consumo de mais largura de banda. Existem vários protocolos de encaminhamento proactivo. As áreas em que diferem são o número de tabelas de encaminhamento necessárias e os métodos de transmissão das alterações na topologia da rede. Alguns dos protocolos proactivos existentes são o Destination- Sequenced Distance Vetor (DSDV), o Optimized Link State Routing Protocol (OLSR), o Global State Routing (GSR) e o Fisheye State Routing (FSR). [10]

1.3 Protocolo de encaminhamento reativo (protocolos a pedido)

O encaminhamento a pedido é uma categoria de encaminhamento popular para o encaminhamento ad hoc sem fios. Trata-se de uma filosofia de encaminhamento relativamente nova que oferece uma solução escalável para topologias de rede relativamente grandes. A conceção segue a ideia de que cada nó tenta reduzir a sobrecarga de encaminhamento, enviando pacotes de encaminhamento apenas quando a comunicação é solicitada. Comum à maioria dos protocolos de encaminhamento a pedido é a fase de descoberta de rotas, em que os pacotes são inundados na rede em busca de um caminho ótimo para o nó de destino na rede. Alguns protocolos MANET reactivos incluem: Dynamic Source Routing (DSR), Ad-Hoc On-Demand Distance Vetor (AODV), e Temporally Ordered Routing Algorithm (TORA).[27]

1.4 Protocolos de encaminhamento híbridos

Os protocolos de encaminhamento híbridos combinam as melhores caraterísticas dos protocolos de encaminhamento proactivos e reactivos. Diz-se que os nós que se encontram a uma certa distância do nó em causa, ou dentro de uma determinada região geográfica, estão dentro da zona de encaminhamento do nó em causa. Para o encaminhamento dentro desta zona, é utilizada uma abordagem baseada em tabelas. Para os nós que estão localizados para além desta zona, é utilizada uma abordagem a pedido. Os principais protocolos MANET híbridos são o Zonal Routing Protocol (ZRP), o Zone-based Hierarchical Link State Routing Protocol (ZHLS), etc.

1.5 Protocolo de encaminhamento reativo (protocolos a pedido)

Estes protocolos adoptam uma abordagem preguiçosa ao encaminhamento. Em contraste com os protocolos de encaminhamento baseados em tabelas, não são mantidas todas as rotas actualizadas em cada nó, mas as rotas são criadas à medida que são necessárias. Quando uma fonte quer enviar para um destino, invoca os mecanismos de descoberta de rotas para encontrar o caminho para o destino. A rota permanece válida até que o destino esteja acessível ou até que a rota deixe de ser necessária. Esta secção aborda alguns protocolos de encaminhamento a pedido.

1.5.1 Protocolos de encaminhamento multicast

O multicast é uma forma eficaz de proporcionar comunicação em grupo e constitui um grande desafio nas redes ad hoc devido à natureza dinâmica da topologia da rede. O protocolo MAODV [28,29] é uma extensão do protocolo unicast AODV. Este protocolo descobre as rotas multicast a pedido, utilizando um mecanismo de descoberta de rotas por difusão que emprega as mensagens de pedido de rotas (RREQ) e de resposta a rotas (RREP). Um nó móvel origina uma mensagem RREQ quando pretende juntar-se a um grupo multicast, ou tem dados para enviar para um grupo multicast mas não tem uma rota para esse grupo. Apenas um membro do grupo multicast desejado pode responder a um RREQ de adesão. Se o RREQ não for um pedido de adesão, qualquer nó com uma rota suficientemente recente (com base no número de sequência do grupo) para o grupo multicast pode responder. Se um nó intermédio receber um RREQ de adesão para um grupo multicast do qual não é membro, ou se receber um RREQ e não tiver uma rota para esse grupo, retransmite o RREQ aos seus vizinhos. À medida que o RREQ é difundido pela rede, os nós estabelecem ponteiros para estabelecer a rota inversa nas suas tabelas de rotas. Um nó que recebe um RREQ começa por atualizar a sua tabela de rotas para registar o número de sequência e a informação do próximo salto para o nó de origem. Esta entrada de rota inversa pode mais tarde ser utilizada para retransmitir uma resposta à fonte. Para os RREQs de adesão, é acrescentada uma entrada adicional à tabela de rotas multicast, que não é activada a menos que a rota seja selecionada para fazer parte da árvore multicast. Se um nó receber um RREQ de adesão para um grupo multicast, pode responder se for membro da árvore do grupo multicast e se o seu número de sequência registado para o grupo multicast for pelo menos tão grande como o contido no RREQ. O nó que responde actualiza as suas tabelas de rotas e de rotas multicast, colocando a informação do próximo salto do nó requerente nas tabelas e, em seguida, envia um RREP de volta à fonte. À medida que os nós ao longo do caminho para a fonte recebem o RREP, eles adicionam uma tabela de rotas e uma entrada na tabela de rotas multicast para o nó do qual receberam o RREP, criando assim o caminho de encaminhamento.

Quando um nó de origem transmite um RREQ para um grupo multicast, recebe frequentemente mais do que uma resposta. O nó de origem mantém a rota recebida com o maior número de sequência e a contagem de saltos mais curta para o membro mais próximo da árvore multicast durante um período de tempo especificado e ignora as outras rotas. No final deste período, ativa o próximo salto selecionado na sua tabela de rotas multicast e envia uma mensagem de ativação (MACT) para este próximo salto selecionado. O próximo salto, ao receber esta mensagem, ativa a entrada para o nó de origem na sua tabela de encaminhamento multicast. Se este nó for membro da árvore multicast, não propagará mais a mensagem. No entanto, se este nó não for membro da árvore multicast, terá recebido um ou mais RREPs dos seus vizinhos. Mantém o melhor próximo salto para a sua rota para o grupo multicast, unicasts MACT para esse próximo salto e ativa a entrada correspondente na sua tabela de rotas multicast. Este processo continua até que o nó que originou o RREP escolhido (membro da árvore) seja alcançado. O primeiro membro do grupo multicast torna-se o líder desse grupo, que também se torna responsável pela manutenção do número de sequência do grupo multicast e pela difusão desse número para o grupo multicast. Esta atualização é feita através de uma mensagem Group Hello.

Se um membro deixar de ser membro do grupo, a árvore multicast precisa de ser podada. As ligações na árvore são monitorizadas para detetar quebras de ligação e o nó que está mais longe do líder do grupo multicast (a jusante da quebra) assume a responsabilidade de reparar a ligação quebrada. Se a árvore não puder ser reconectada, um novo líder para o nó a jusante desconectado é escolhido da seguinte forma. Se o nó que iniciou a reconstrução da rota for um membro do grupo multicast, ele se torna o novo líder do grupo multicast. Por outro lado, se não for um membro do grupo e tiver apenas um próximo salto para a árvore, ele se retira da árvore enviando ao seu próximo salto uma mensagem de retirada de poda. Este processo continua até se chegar a um membro do grupo. Uma vez que as partições separadas se reconectam, um nó eventualmente recebe uma mensagem Group Hello para o grupo multicast que contém informações sobre o líder do grupo diferentes das informações que ele já possui. Se este nó for um membro do grupo multicast e se for um membro da partição cujo líder do grupo tem o endereço IP mais baixo, pode iniciar a reconexão da árvore multicast [3].

1.5.2 AODV (Ad Hoc On-Demand Distance Vetor)

O AODV é um protocolo de encaminhamento para redes móveis ad hoc e outras redes ad hoc sem fios. Este protocolo é capaz de efetuar encaminhamento unicast e multicast [30,31]. No AODV, a rede é silenciosa até que seja necessária uma ligação. Nessa altura, o nó da rede que necessita de uma ligação transmite um pedido de ligação. Outros nós AODV reencaminham esta mensagem e registam o nó que a recebeu, criando uma explosão de rotas temporárias de volta ao nó que necessita de ligação. Quando um nó recebe uma mensagem deste tipo e já tem uma rota para o nó pretendido, envia uma mensagem para trás através de uma rota temporária para o nó requerente. O nó necessitado começa então a usar a rota que tem o menor número de saltos através de outros nós. As entradas não utilizadas nas tabelas de encaminhamento são recicladas após algum tempo. Quando um link falha, um erro de roteamento é passado de volta para um nó transmissor, e o processo se repete. Cada pedido de rota tem um número de sequência. Os nós utilizam este número de sequência para não repetirem pedidos de rota que já tenham transmitido. O AODV requer mais tempo para estabelecer uma ligação, e a comunicação inicial para estabelecer uma rota é mais pesada do que algumas outras abordagens [4].

1.5.2.1 Vantagens e limitações do AODV

As vantagens do protocolo AODV são o facto de favorecer a rota menos congestionada em vez da rota mais curta e de suportar transmissões de pacotes unicast e multicast, mesmo para nós em constante movimento. Também responde muito rapidamente às alterações topológicas que afectam as rotas activas. O AODV não coloca qualquer sobrecarga adicional nos pacotes de dados, uma vez que não utiliza o encaminhamento de origem. A limitação do protocolo AODV é que espera/exige que os nós no meio de transmissão possam detetar as transmissões uns dos outros. Também é possível que uma rota válida tenha expirado e a determinação de um tempo de expiração razoável é difícil. Isto deve-se ao facto de os nós serem móveis e de as suas taxas de envio poderem ser muito diferentes e poderem mudar dinamicamente de nó para nó. Além disso, à medida que a dimensão da rede aumenta, vários parâmetros de desempenho começam a diminuir. O AODV é vulnerável a vários tipos de ataques, uma vez que se baseia no pressuposto de que todos os nós devem cooperar e, sem a sua cooperação, não é possível estabelecer qualquer rota [8].

1.5.3 Encaminhamento dinâmico de fontes

O Dynamic Source Routing (DSR) é um protocolo de encaminhamento Ad Hoc que se baseia na teoria do encaminhamento baseado na fonte em vez de baseado em tabelas. Este protocolo é iniciado na fonte em vez de ser baseado em saltos. Foi especialmente concebido para ser utilizado em redes ad hoc sem fios com múltiplos saltos de nós móveis. Basicamente, o protocolo DSR não necessita de qualquer infraestrutura ou administração de rede existente, o que permite que a rede seja completamente auto-organizada e auto-configurável. Este protocolo é composto por duas partes essenciais: a descoberta e a manutenção de rotas. Cada nó mantém uma cache para armazenar os caminhos recentemente descobertos. Quando um nó deseja enviar um pacote para um determinado nó, começa por verificar a sua entrada na cache. Se estiver lá, então usa esse caminho para transmitir o pacote e também anexa o seu endereço de origem ao pacote. Se não estiver na cache ou se a entrada na cache tiver expirado (devido a um longo período de inatividade), o remetente envia um pacote de pedido de rota a todos os seus vizinhos, pedindo um caminho para o destino. O remetente fica à espera até que a rota seja descoberta. Durante o tempo de espera, o emissor pode realizar outras tarefas, como enviar/encaminhar outros pacotes. Quando o pacote de pedido de rota chega a qualquer um dos nós, estes verificam junto dos seus vizinhos ou das suas caches se o destino pedido é conhecido ou desconhecido. Se a informação sobre o itinerário for conhecida, enviam um pacote de resposta ao itinerário para o destino; caso contrário, transmitem o mesmo pacote de pedido de itinerário. Quando a rota é descoberta, os pacotes necessários são transmitidos pelo remetente na rota descoberta. Além disso, será inserida uma entrada na cache para utilização futura. O nó também mantém a informação sobre a idade da entrada, de modo a saber se a cache é recente ou não. Quando um pacote de dados é recebido por um nó intermédio, este começa por verificar se o pacote se destina a ele próprio ou não. Se se destinar a si próprio (ou seja, se o nó intermédio for o destino), o pacote é recebido; caso contrário, será reencaminhado utilizando o caminho indicado no pacote de dados. Uma vez que numa rede ad hoc, qualquer ligação pode falhar em qualquer altura. Por isso, o processo de manutenção de rotas monitoriza constantemente e também notifica os nós se houver alguma falha no caminho [8, 33, 34].

1.5.3.1 Vantagens e limitações da DSR

Uma das principais vantagens do protocolo DSR é o facto de não ser necessário manter uma tabela de encaminhamento para encaminhar um determinado pacote de dados, uma vez que todo o percurso está contido no cabeçalho do pacote. As limitações do protocolo DSR residem no facto de não ser escalável para redes de grande dimensão e de exigir ainda mais recursos de processamento do que a maioria dos outros protocolos. Basicamente, para obter a informação de encaminhamento, cada nó tem de gastar muito tempo a processar quaisquer dados de controlo que receba, mesmo que não seja o destinatário pretendido [8].

1.5.4 Algoritmo de encaminhamento temporário ordenado (TORA)

O Algoritmo de Encaminhamento Temporalmente Ordenado (TORA) é um algoritmo de encaminhamento distribuído altamente adaptável, eficiente e escalável, baseado no conceito de inversão de ligações. O TORA é proposto para redes sem fios móveis e multi-hop altamente dinâmicas. É um protocolo de encaminhamento a pedido iniciado pela fonte. Encontra várias rotas de um nó de origem para um nó de destino. A principal caraterística do TORA é que as mensagens de controlo são localizadas num conjunto muito pequeno de nós perto da ocorrência de uma alteração topológica. Para o conseguir, os nós mantêm informações de encaminhamento sobre os nós adjacentes. O protocolo tem três funções básicas: Criação de rotas, manutenção de rotas e eliminação de rotas. O TORA pode sofrer de um tempo de convergência ilimitado no pior dos casos para cenários muito stressantes. O TORA tem a caraterística única de manter várias rotas para o destino, de modo a que as alterações topológicas não exijam qualquer reação. O protocolo reage apenas quando todas as rotas para o destino são perdidas. No caso de partições da rede, o protocolo é capaz de detetar a partição e apagar todas as rotas inválidas. A figura 1.2 mostra que o nó de origem (1) transmite QUERY ao nó vizinho. O nó (6) não propaga a mensagem QUERY do nó (5) porque já viu e propagou a mensagem QUERY do nó (4). Um nó de origem (1) pode ter recebido uma mensagem UPDATE do nó (2), pelo que mantém essa altura. Quando um nó detecta uma partição da rede, gera um pacote CLEAR que resulta na reposição do encaminhamento na rede ad-hoc. O mecanismo de estabelecimento da rota baseia-se no Diret Acyclic Group (DAG). Utilizando o mecanismo DAG, podemos garantir que todas as rotas estão livres de ciclos. Os pacotes deslocam-se do nó de origem com a altura mais elevada para o nó de destino com a altura mais baixa, como na abordagem descendente [12].

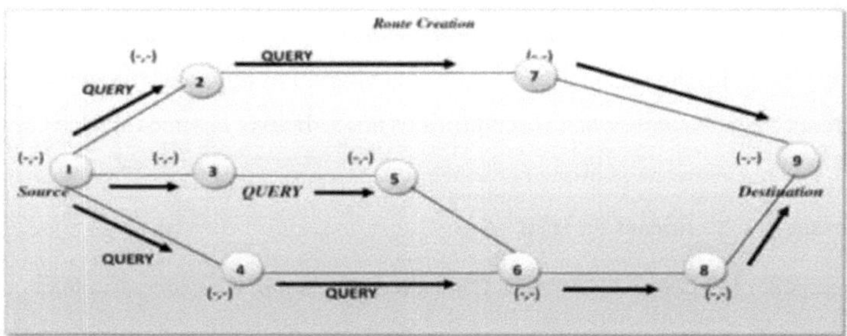

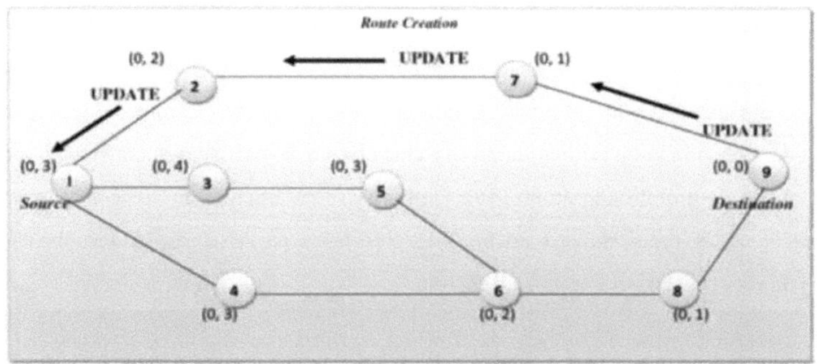

Figura 1.2: Criação de rotas no TORA

1.5.4.1 Vantagens:

• O TORA suporta múltiplas rotas entre a origem e o destino. Assim, a falha ou remoção de qualquer um dos nós é rapidamente resolvida sem a intervenção da fonte, mudando para uma rota alternativa para melhorar o congestionamento.

• O TORA não requer uma atualização periódica, pelo que a sobrecarga de comunicação e a utilização da largura de banda são minimizadas.

• O TORA suporta a deteção do estado da ligação e a entrega de vizinhos, a entrega fiável e ordenada de pacotes de controlo e a autenticação de segurança.

1.5.4.2 Desvantagens:

• Depende da sincronização dos relógios entre os nós da rede ad hoc.

• A dependência deste protocolo de camadas intermédias inferiores para determinadas funcionalidades pressupõe que a deteção do estado da ligação, a descoberta de vizinhos, a entrega de pacotes por ordem e a resolução de endereços estão prontamente disponíveis. Esta solução consiste em executar o protocolo de encapsulamento MANET da Internet no nível imediatamente inferior ao TORA.

• Isto tornará difícil separar a sobrecarga deste protocolo da sobrecarga imposta pela camada inferior[12].

1.5.5 Encaminhamento associativo

O ABR define uma nova métrica para o encaminhamento, conhecida como o grau de estabilidade da associação. É livre de loops, deadlock e duplicação de pacotes. No ABR, uma rota é selecionada com base nos estados de associação dos nós. As rotas assim selecionadas são consideradas de longa duração. Todos os nós geram sinalizações periódicas para indicar a sua existência. Quando um nó vizinho recebe um sinalizador, actualiza as suas tabelas de associatividade. Por cada beacon recebido, um nó incrementa a sua tabela de associatividade em relação ao nó do qual recebeu o beacon. A estabilidade da associação significa a estabilidade da ligação de um nó em relação a outro nó ao longo do tempo e do espaço. Um valor elevado de tick de associatividade em relação a um nó indica um estado baixo de mobilidade do nó, enquanto um valor baixo de tick de associatividade pode indicar um estado elevado de mobilidade do nó [46]. O objetivo fundamental do ABR é encontrar rotas de maior duração para as redes móveis ad hoc. As três fases da ABR são a descoberta da rota, a reconstrução da rota (RRC) e a eliminação da rota.

A fase de descoberta de rotas é um ciclo de consulta de difusão e espera de resposta (BQ-REPLY). O nó de origem transmite uma mensagem BQ em busca de nós que tenham uma rota para o destino. Um nó não reencaminha um pedido de BQ mais do que uma vez. Ao receber uma mensagem BQ, um nó intermédio anexa o seu endereço e os seus ticks de associatividade ao pacote de consulta. O nó seguinte apaga as entradas de associatividade dos seus vizinhos do nó a montante e mantém apenas a entrada relativa a si próprio e ao seu nó a montante. Cada pacote que chega ao destino conterá os ticks de associatividade dos nós ao longo da rota da origem ao destino. O destino pode agora selecionar a melhor rota examinando os ticks de associatividade ao longo de cada um dos caminhos. Se vários caminhos tiverem o mesmo grau global de estabilidade de associação, é selecionado o caminho com o número mínimo de saltos. Uma vez escolhido um caminho, o destino envia um pacote REPLY de volta à fonte ao longo desse caminho. Os nós no caminho que o pacote REPLY segue marcam as suas rotas como válidas. Todas as outras rotas permanecem inactivas, evitando assim a possibilidade de chegarem pacotes duplicados ao destino. A fase RRC consiste na descoberta parcial de rotas, na eliminação de rotas inválidas, em actualizações de rotas válidas e na descoberta de novas rotas, dependendo dos nós que se deslocam ao longo da rota. O movimento do nó de origem resulta num novo processo BQ-REPLY porque o protocolo de encaminhamento é iniciado pela fonte. A mensagem de notificação de rota (RN) é utilizada para apagar as entradas de rota associadas aos nós a jusante. Quando o destino se desloca, o nó imediatamente a montante do destino apaga a sua rota. Um processo de consulta localizada (LQ [H]), em que H se refere à contagem de saltos do nó a montante para o destino, é iniciado para determinar se o nó ainda é alcançável. Se o destino receber o pacote LQ, seleciona a melhor rota parcial e REPLICA; caso contrário, o nó iniciador perde tempo e volta atrás para o próximo nó a montante. Uma mensagem RN é enviada para o nó a montante seguinte para apagar a rota inválida e informar este nó de que deve invocar o processo LQ [H]. Se este processo resultar num retrocesso de mais de meio caminho até à fonte, o processo LQ é interrompido e a fonte inicia um novo processo BQ [22]. Todos os nós ao longo da rota eliminam a entrada da rota das suas tabelas de encaminhamento. A mensagem RD é propagada através de uma difusão completa, em vez de uma difusão dirigida, porque o nó de origem pode não ter conhecimento de quaisquer alterações de nós de rota que tenham ocorrido durante as RRC.

1.6 Protocolos de encaminhamento proactivos (protocolos orientados por tabelas)

Nos protocolos de encaminhamento orientados por tabela, cada nó mantém uma ou mais tabelas que contêm informações de encaminhamento para todos os outros nós da rede. Todos os nós actualizam estas tabelas de modo a manter uma visão consistente e actualizada da rede. Quando a topologia da rede muda, os nós propagam mensagens de atualização por toda a rede, de modo a manterem informações de encaminhamento consistentes e actualizadas sobre toda a rede. Estes protocolos de encaminhamento diferem no método pelo qual a informação sobre a alteração da topologia é distribuída pela rede e no número de tabelas relacionadas com o encaminhamento necessárias. As secções seguintes abordam alguns dos protocolos de encaminhamento ad hoc orientados por tabelas existentes.

1.6.1   Vetor de distância sequenciado no destino (DSDV)

O protocolo de encaminhamento DSDV [6] é um protocolo de encaminhamento proactivo, descrito em pormenor neste documento. Baseia-se no algoritmo de encaminhamento Bellman-Ford. Cada nó da rede mantém uma tabela de encaminhamento que contém todos os destinos disponíveis com o próximo salto associado ao destino, a métrica e o número de sequência do destino. O número de sequência representa uma melhoria do protocolo de encaminhamento DSDV em comparação com o encaminhamento por vetor de distância e é utilizado para distinguir as rotas obsoletas das recentes e evitar a formação de loops de rota. As tabelas de encaminhamento são actualizadas através da troca de informações entre os nós móveis. Cada nó transmite periodicamente a sua tabela de encaminhamento aos seus vizinhos. A difusão da informação é efectuada em unidades de dados do protocolo de rede (NPDU) de duas formas: uma descarga completa e uma descarga incremental. Uma descarga completa requer várias NPDUs, enquanto a incremental requer apenas uma NPDU para conter toda a informação. Um nó recetor actualiza a sua tabela se tiver recebido uma rota melhor ou uma nova rota. Quando um pacote de informação é recebido de outro nó, este compara o número de sequência com o número de sequência disponível para essa entrada. Se o número de sequência for maior, a entrada será actualizada com a informação de encaminhamento com o novo número de sequência, ao passo que se a informação chegar com o mesmo número de sequência, será necessária uma entrada métrica. Se o número de saltos for inferior ao da entrada anterior, serão actualizadas novas informações. A atualização é efectuada periodicamente ou quando é detectada uma alteração significativa na tabela de encaminhamento desde a última atualização. Se a topologia da rede mudar frequentemente, será efectuada uma descarga completa, uma vez que uma descarga incremental causará menos tráfego numa topologia de rede estável. A seleção da rota é efectuada de acordo com os critérios da métrica e do número de sequência. O número de sequência é também a indicação de tempo que o nó de destino envia, permitindo a atualização da tabela de encaminhamento. Se tivermos duas rotas idênticas, a rota com um número de sequência maior será guardada e utilizada, e a outra será destruída. [7]

1.6.1.1 Vantagens

- Garante trajectórias livres de laços.

- O número de sequência assegura a atualidade das informações de encaminhamento disponíveis na tabela de encaminhamento.

- O DSDV evita o tráfego adicional utilizando actualizações incrementais em vez de actualizações completas.

- O DSDV mantém apenas o melhor caminho ou o caminho mais curto para cada destino. Assim, a quantidade de espaço na tabela de encaminhamento é reduzida.

1.6.1.2 Desvantagens

- Grande sobrecarga devido à necessidade de mensagens de atualização periódicas, o que os torna ineficazes em grandes redes.

- Não suporta o encaminhamento multipercurso.

- Desperdício de largura de banda devido à publicidade desnecessária de informações de encaminhamento, mesmo que não haja alterações na topologia da rede[10].

1.6.2 Encaminhamento optimizado do estado da ligação

O protocolo Optimized Link State Routing (OLSR) é um protocolo de encaminhamento proactivo do estado da ligação. O OLSR consiste em dois tipos de mensagens, HELLO e TC ("Topology Control"). As mensagens HELLO, emitidas periodicamente pelo nó, incluem o seu próprio endereço e três listas: uma lista de nós vizinhos a partir dos quais foi ouvido tráfego de controlo, mas não foram confirmadas ligações bidireccionais, uma lista de nós vizinhos selecionados como MPR (Multipoint Relay) e uma lista de nós vizinhos com os quais foi estabelecida uma comunicação bidirecional. Ao receber a mensagem HELLO, um nó examina a lista de endereços; se o seu próprio endereço estiver incluído nessa lista, confirma-se que foi estabelecida uma comunicação bidirecional com o autor da mensagem HELLO. Quando uma ligação é confirmada como bidirecional, é anunciada periodicamente pelo nó com o correspondente estado de ligação simétrica. As mensagens HELLO também permitem que cada nó mantenha a informação que descreve a ligação entre o nó vizinho e os nós que se encontram a 2 saltos de distância.

O TC (Controlo de Transmissão) contém um conjunto de ligações bidireccionais entre um nó e um subconjunto dos seus nós vizinhos e é utilizado para difundir informação topológica a toda a rede, sendo emitido periodicamente. Cada nó deve selecionar MPR (Multipoint Relay) entre os seus nós vizinhos, de modo a que a mensagem emitida pelo nó e repetida pelos nós MPR seja recebida pelos nós que se encontram a 2 saltos de distância. Assim, cada nó mantém um conjunto de selectores MPR (nós vizinhos que são selecionados como MPR). Ao receber os pacotes de controlo OLSR, o nó consulta o seu conjunto de selectores MPR para tomar uma decisão sobre o pacote: se o último salto da mensagem estiver dentro do conjunto MPR, esta deve ser retransmitida, caso contrário não. Cada nó mantém uma tabela de encaminhamento que contém o endereço de destino, o endereço do próximo salto e o número de saltos até ao destino, bem como informações sobre a interface local, informações essas que são obtidas a partir do conjunto topológico (a partir das mensagens TC) e da mensagem HELLO. Assim, se houver alguma alteração, como o aparecimento ou desaparecimento de uma ligação de nó vizinho, a criação ou remoção de um vizinho de dois saltos, o aparecimento ou perda de uma ligação topológica, etc., a tabela de encaminhamento é actualizada[11].

1.6.2.1 Vantagens:

- O OLSR não necessita de um sistema administrativo central para gerir o seu processo de encaminhamento.

- A ligação é fiável para as mensagens de controlo, uma vez que as mensagens são enviadas periodicamente e a entrega não tem de ser sequencial.

- O OLSR é adequado para redes de alta densidade.

- Não permite grandes atrasos na transmissão de pacotes.

1.6.2.2 Desvantagens

- O protocolo OLSR envia periodicamente a informação actualizada da topologia para toda a rede.

- Permite uma utilização elevada da largura de banda do protocolo [12].

1.6.3 Encaminhamento de estado Fisheye

O protocolo Fisheye State Routing (FSR) [35] é um protocolo de encaminhamento ad hoc proactivo (baseado em tabelas) e os seus mecanismos baseiam-se no protocolo Link State Routing utilizado em redes com fios. O FSR é um protocolo de encaminhamento hierárquico implícito. Reduz a sobrecarga de atualização de encaminhamento em redes de grande dimensão, utilizando uma técnica de olho de peixe. O olho de peixe tem a capacidade de ver melhor os objectos quando estes estão mais próximos do seu ponto focal, o que significa que cada nó mantém informações precisas sobre os nós próximos e não tão precisas sobre os nós distantes. O âmbito do fisheye é definido como o conjunto de nós que podem ser alcançados num determinado número de saltos. O número de níveis e o raio de cada âmbito dependem da dimensão da rede. As entradas correspondentes aos nós dentro do âmbito mais pequeno são propagadas aos vizinhos com a maior frequência e as trocas nos âmbitos mais pequenos são mais frequentes do que nos maiores. A FSR minimizou a largura de banda consumida como os pacotes de atualização do estado da ligação que são trocados apenas entre nós vizinhos e consegue reduzir o tamanho da mensagem da informação de topologia devido à remoção da informação de topologia relativa aos nós distantes. Mesmo que um nó não disponha de informações exactas sobre os nós distantes, os pacotes serão encaminhados corretamente porque as informações de rota se tornam cada vez mais exactas à medida que o pacote se aproxima do destino. Isto significa que a FSR se adapta bem a grandes redes ad hoc móveis, uma vez que o overhead é controlado e suporta taxas elevadas de mobilidade [9].

1.6.4   Protocolo de encaminhamento sem fios (WRP)

O protocolo de encaminhamento sem fios (WRP) é um protocolo de encaminhamento de vectores de distância baseado em tabelas. Cada nó da rede mantém uma tabela de distâncias, uma tabela de encaminhamento, uma tabela de custo de ligação e uma lista de retransmissão de mensagens. A tabela de distâncias de um nó x contém a distância de cada nó de destino y através de cada vizinho z de x. Contém também o vizinho a jusante de z através do qual este caminho é efectuado. A tabela de encaminhamento de um nó x contém a distância de cada nó de destino y ao nó x, o antecessor e o sucessor do nó x neste trajeto. Contém também uma etiqueta para identificar se a entrada é um caminho simples, um loop ou inválido. O armazenamento do predecessor e do sucessor na tabela é útil para detetar loops e evitar problemas de contagem até ao infinito. A tabela Link-Cost contém o custo da ligação a cada vizinho do nó e o número de timeouts desde que foi recebida uma mensagem sem erros desse vizinho. A lista de retransmissão de mensagens (Message Retransmission list - MRL) contém informação que permite a um nó saber qual dos seus vizinhos não reconheceu a sua mensagem de atualização e retransmitir a mensagem de atualização a esse vizinho [22]. Os nós trocam tabelas de encaminhamento com os seus vizinhos utilizando mensagens de atualização periodicamente, bem como em caso de mudança de ligação. Os nós presentes na lista de resposta da mensagem de atualização (formada utilizando o MRL) devem acusar a receção da mensagem de atualização. Se não houver alterações na tabela de encaminhamento desde a última atualização, o nó tem de enviar uma mensagem Hello inativa para garantir a conetividade. Ao receber uma mensagem de atualização, o nó modifica a sua tabela de distâncias e procura melhores caminhos utilizando a nova informação. Qualquer novo caminho assim encontrado é retransmitido aos nós originais para que estes possam atualizar as suas tabelas. O nó também actualiza a sua tabela de encaminhamento se o novo caminho for melhor do que o caminho existente. Ao receber um ACK, o modo actualiza o seu MRL. Uma caraterística única deste algoritmo é o facto de verificar a consistência de todos os seus vizinhos sempre que detecta uma alteração na ligação de qualquer um dos seus vizinhos. A verificação de consistência desta forma ajuda a eliminar situações de looping de uma forma melhor e também tem uma convergência rápida [36].

1.6.5 Encaminhamento global de estados

O Global State Routing (GSR) é semelhante ao DSDV. Adopta a ideia do encaminhamento no estado da ligação, mas melhora-a ao evitar a inundação de mensagens de encaminhamento. Neste algoritmo, cada nó mantém uma lista de vizinhos, uma tabela de topologia, uma tabela de próximo salto e uma tabela de distância. A lista de vizinhos de um nó contém a lista dos seus vizinhos (aqui todos os nós que podem ser ouvidos por um nó são considerados seus vizinhos). Para cada nó de destino, a tabela Topology contém a informação sobre o estado da ligação, tal como reportada pelo destino, e a data e hora dessa informação. Para cada destino, a tabela Next Hop contém o próximo salto para o qual os pacotes para este destino devem ser encaminhados. A tabela

A tabela de distâncias contém a distância mais curta para cada nó de destino. As mensagens de encaminhamento são geradas numa mudança de ligação, tal como nos protocolos de estado da ligação. Ao receber uma mensagem de encaminhamento, o nó actualiza a sua tabela de topologia se o número de sequência da mensagem for mais recente do que o número de sequência armazenado na tabela. Depois disso, o nó reconstrói a sua tabela de encaminhamento e transmite a informação aos seus vizinhos. [22,37]

1.6.6 Encaminhamento adaptativo de árvore de origem (STAR)

O protocolo STAR [40] também se baseia no algoritmo de estado da ligação. Cada roteador mantém uma árvore de origem, que é um conjunto de links contendo os caminhos preferenciais para os destinos. Este protocolo reduziu significativamente a quantidade de sobrecarga de encaminhamento disseminada na rede, utilizando uma abordagem de encaminhamento com menor sobrecarga (LORA) para trocar informações de encaminhamento. Também suporta a abordagem de encaminhamento ótimo (ORA), se necessário. Esta abordagem eliminou o procedimento de atualização periódica presente no algoritmo Link State, tornando condicional a disseminação de actualizações. Em consequência, as actualizações do estado da ligação só são trocadas quando ocorre um determinado evento. Por conseguinte, o protocolo STAR será bem dimensionado em redes de grande dimensão, uma vez que reduziu significativamente o consumo de largura de banda para as actualizações de encaminhamento, reduzindo simultaneamente a latência através da utilização de rotas pré-determinadas. No entanto, este protocolo pode ter custos de memória e de processamento significativos em redes de grande dimensão e com elevada mobilidade, porque cada nó tem de manter um gráfico parcial da topologia da rede (que é determinado a partir da árvore de origem comunicada pelos seus vizinhos), que pode mudar frequentemente à medida que os vizinhos vão comunicando árvores de origem diferentes [22].

1.6.7 Encaminhamento hierárquico de estados

A caraterística do Hierarchical State Routing (HSR) é o agrupamento a vários níveis e a partição lógica dos nós móveis. A rede é dividida em clusters e é eleito um chefe de cluster, como num algoritmo baseado em clusters. No HSR, os cluster-heads organizam-se novamente em clusters e assim sucessivamente. Os nós de um cluster físico transmitem as suas informações de ligação uns aos outros. O chefe de agrupamento resume as informações do seu agrupamento e envia-as aos chefes de agrupamento vizinhos através do gateway. Como mostrado na figura 1.3, esses cluster-heads são membros do cluster em um nível mais alto e trocam suas informações de link, bem como as informações resumidas de nível inferior entre si e assim por diante. Um nó em cada nível transmite ao seu nível inferior as informações que obtém após a execução do algoritmo nesse nível. Assim, o nível inferior tem informações hierárquicas sobre a topologia. Cada nó tem um endereço hierárquico. Uma forma de atribuir um endereço hierárquico são os números dos clusters no caminho da raiz para o nó, como mostra a figura 2.3 Um gateway pode ser alcançado a partir da raiz através de mais do que um caminho, pelo que o gateway pode ter mais do que um endereço hierárquico. Um endereço hierárquico é suficiente para garantir a entrega de qualquer ponto da rede ao anfitrião [38].

Além disso, os nós são também divididos em sub-redes lógicas e a cada nó é atribuído um endereço lógico <sub-rede, anfitrião>. Cada sub-rede tem um servidor de gestão de localização (LMS). Todos os nós dessa sub-rede registam o seu endereço lógico no LMS. Os LMS anunciam o seu endereço hierárquico aos níveis superiores e a informação é enviada também a todos os LMS. A camada de transporte envia um pacote para a camada de rede com o endereço lógico do destino. A camada de rede encontra o endereço hierárquico do endereço hierárquico do LMS de destino a partir do seu LMS e envia-lhe o pacote. O LMS do destino reencaminha o pacote para o destino.

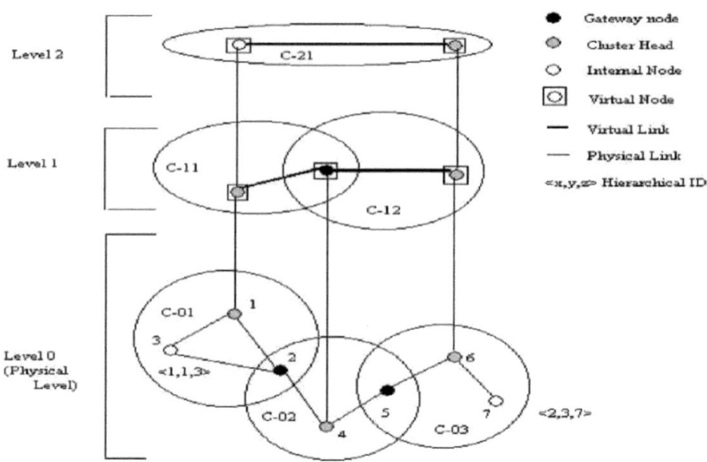

Figura-1.3 Um exemplo de agrupamento em HSR

Quando a origem e o destino conhecem os endereços hierárquicos um do outro, podem contornar o LMS e comunicar diretamente. Uma vez que o endereço lógico/endereço hierárquico é utilizado para o encaminhamento, é adaptável às alterações da rede [22].

1.6.8 Algoritmo de efeito de encaminhamento à distância para mobilidade (DREAM)

O protocolo de encaminhamento DREAM [39] emprega uma abordagem diferente para o encaminhamento quando comparado com os protocolos de encaminhamento descritos até agora. No DREAM, cada nó conhece as suas coordenadas geográficas através de um GPS. Estas coordenadas são trocadas periodicamente entre cada nó e armazenadas numa tabela de encaminhamento (designada por tabela de localização). A vantagem da troca de informações de localização é que consome muito menos largura de banda do que a troca de informações completas sobre o estado da ligação ou sobre o vetor de distância, o que significa que é mais escalável. No DREAM, a sobrecarga de encaminhamento é ainda mais reduzida, tornando a frequência com que as mensagens de atualização são disseminadas proporcional à mobilidade e ao efeito de distância. Isto significa que os nós estacionários não precisam de enviar quaisquer mensagens de atualização [22].

1.6.9 Cabeça de agrupamento Gateway Switch Protocolo de encaminhamento

O Cluster head Gateway Switch Routing (CGSR) [41] utiliza como base o algoritmo de encaminhamento DSDV descrito na secção anterior.

Os nós móveis são agregados em clusters e é eleito um chefe de cluster. Todos os nós que se encontram no raio de comunicação do cluster-head pertencem ao seu cluster. Um nó de gateway é um nó que se encontra no raio de comunicação de dois ou mais clusterheads. Numa rede dinâmica, o esquema de cabeças de cluster pode causar uma degradação do desempenho devido às frequentes eleições de cabeças de cluster, pelo que o CGSR utiliza um algoritmo de mudança mínima de cluster (LCC). No LCC, a mudança de cabeça de cluster só ocorre se uma alteração na rede fizer com que duas cabeças de cluster passem a fazer parte de um cluster ou se um dos nós sair do alcance de todas as cabeças de cluster. O algoritmo geral funciona da seguinte forma. A fonte do pacote transmite-o ao seu cluster-head. A partir deste cluster-head, o pacote é enviado para o nó gateway que liga este cluster-head e o próximo cluster-head ao longo da rota para o destino. O gateway envia-o para esse clusterhead e assim sucessivamente até que o cluster-head de destino seja alcançado desta forma. O chefe de grupo de destino transmite então o pacote para o destino. A Figura-1.4 mostra um exemplo do esquema de encaminhamento CGSR.

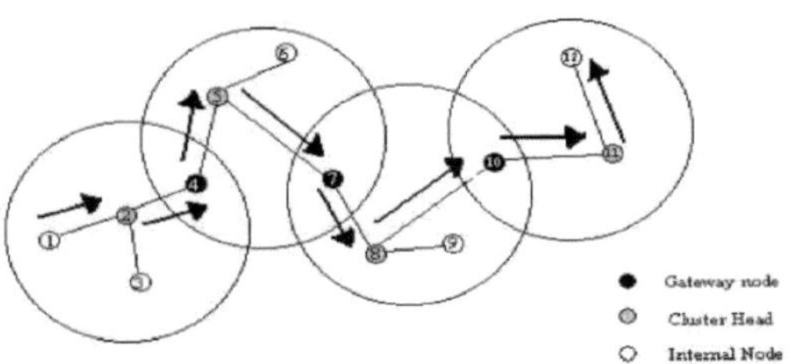

Figura 1.4 Exemplo de encaminhamento CGSR do nó 1 para o nó 12

Cada nó mantém uma tabela de membros de cluster que tem o mapeamento de cada nó para a respectiva cabeça de cluster. Além disso, cada nó também mantém uma tabela de encaminhamento que determina o próximo salto para alcançar o cluster de destino. Ao receber um pacote, um nó encontra a cabeça de agrupamento mais próxima ao longo da rota para o destino, de acordo com a tabela de membros do agrupamento e a tabela de encaminhamento. Em seguida, consulta a sua tabela de encaminhamento para encontrar o próximo salto de modo a alcançar a cabeça de agrupamento selecionada no primeiro passo e transmite o pacote a esse nó [22].

1.6.10 Encaminhamento assistido por localização (LAR)

O LAR [43] baseia-se em algoritmos de inundação (como o DSR). No entanto, o LAR tenta reduzir as despesas gerais de encaminhamento presentes no algoritmo de inundação tradicional utilizando informações de localização. Este protocolo assume que cada nó sabe a sua localização através de um GPS. Dois esquemas diferentes de LAR foram propostos em [21], o primeiro calcula uma zona de pedido que define um limite onde os pacotes de pedido de rota podem viajar para alcançar o destino desejado. O segundo método armazena as coordenadas do destino nos pacotes de pedido de rota. Estes pacotes só podem viajar na direção em que a distância relativa ao destino se torna menor à medida que viajam de um salto para outro. Ambos os métodos limitam a sobrecarga de controlo transmitida através da rede e, por conseguinte, conservam a largura de banda. Também determinam o caminho mais curto (na maioria dos casos) para o destino, uma vez que os pacotes de pedido de rota viajam para longe da fonte e em direção ao destino. A desvantagem deste protocolo é o facto de cada nó ter de ter um GPS. Outra desvantagem (especialmente para o primeiro método) é o facto de os protocolos poderem comportar-se de forma semelhante aos protocolos de inundação (por exemplo, DSR e AODV) em redes com elevada mobilidade [22].

1.7 Protocolos de encaminhamento híbridos

Os protocolos de encaminhamento híbridos são uma nova geração de protocolos, que são simultaneamente proactivos e reactivos por natureza. Estes protocolos foram concebidos para aumentar a escalabilidade, permitindo que os nós próximos trabalhem em conjunto para formar uma espécie de espinha dorsal e reduzir as despesas gerais de descoberta de rotas. Isto é conseguido principalmente através da manutenção proactiva de rotas para nós próximos e da determinação de rotas para nós distantes utilizando uma estratégia de descoberta de rotas

1.7.1 Protocolo de encaminhamento hierárquico do estado da ligação baseado em zonas

No protocolo ZHLS (Zone-based Hierarchical Link State Routing Protocol), a rede é dividida em zonas que não se sobrepõem. Ao contrário de outros protocolos hierárquicos, não existe uma cabeça de zona. O ZHLS define dois níveis de topologias - nível de nó e nível de zona. Uma topologia de nível de nó informa como os nós de uma zona são conectados fisicamente uns aos outros. Um link virtual entre duas zonas existe se pelo menos um nó de uma zona estiver fisicamente conectado a algum nó da outra zona. A topologia em nível de zona informa como as zonas são conectadas entre si. Há também dois tipos de Pacotes de Estado de Link (LSP) - LSP de nó e LSP de zona. Um LSP de nó de um nó contém as informações do nó vizinho e é propagado com a zona, enquanto um LSP de zona contém as informações da zona e é propagado globalmente. Assim, cada nó tem um conhecimento completo da conetividade dos nós da sua zona e apenas informações de conetividade da zona sobre outras zonas da rede. Assim, dado o id da zona e o id do nó de um destino, o pacote é encaminhado com base no id da zona até chegar à zona correta. Depois, nessa zona, é encaminhado com base no id do nó. Um <id de zona, id de nó> do destino é suficiente para o encaminhamento, pelo que é adaptável a topologias variáveis [45].

1.7.2 Protocolo de encaminhamento de zonas

O Zone Routing Protocol ou ZRP foi o primeiro protocolo de encaminhamento híbrido com uma componente de encaminhamento proactiva e uma componente de encaminhamento reactiva. O ZRP foi introduzido pela primeira vez por Haas em 1997. O ZRP foi proposto para reduzir a sobrecarga de controlo dos protocolos de encaminhamento proactivos e diminuir a latência causada pela descoberta de encaminhamento nos protocolos de encaminhamento reactivos. O ZRP define uma zona em torno de cada nó que consiste na sua vizinhança k (por exemplo, k=3). No ZRP, a distância e um nó, todos os nós dentro da distância de um salto do nó pertencem à zona de encaminhamento do nó. O ZRP é formado por dois subprotocolos, um protocolo de encaminhamento proactivo: Intra-zone Routing Protocol (IARP), é utilizado dentro das zonas de encaminhamento e um protocolo de encaminhamento reativo: Inter-zone Routing Protocol (IERP), é utilizado entre zonas de encaminhamento, respetivamente. O IARP pode estabelecer uma rota para um destino dentro da zona local a partir da tabela de encaminhamento em cache proactiva da fonte, pelo que, se a fonte e o destino estiverem na mesma zona, o pacote pode ser entregue imediatamente. A maioria dos algoritmos de encaminhamento proactivo existentes pode ser utilizada como IARP para o ZRP. Para rotas para além da zona local, a descoberta de rotas acontece de forma reactiva. O nó de origem envia um pedido de rota aos seus nós de fronteira, contendo o seu próprio endereço, o endereço de destino e um número de sequência único. Os nós de fronteira são nós que se encontram exatamente a um número máximo de saltos da zona local definida, afastados da fonte. Os nós de fronteira verificam se o destino está na sua zona local. Se o nó solicitado não for membro desta zona local, o nó acrescenta o seu próprio endereço ao pacote de pedido de rota e reencaminha o pacote para os seus nós de fronteira. Se o destino for um membro da zona local do nó, este envia uma resposta de rota no caminho inverso de volta à fonte. O nó de origem utiliza o caminho guardado no pacote de resposta ao itinerário para enviar pacotes de dados para o destino. Considere a rede da Figura 1.5. O nó S tem um pacote para enviar ao nó X. O raio da zona é *r=2*. O nó utiliza a tabela de encaminhamento fornecida pelo IARP para verificar se o destino se encontra na sua zona. Uma vez que não é encontrado, é emitido um pedido de rota utilizando o IERP. O pedido é transmitido para os nós periféricos (a cinzento na imagem). Cada um deles procura o destino na sua tabela de encaminhamento [9][44].

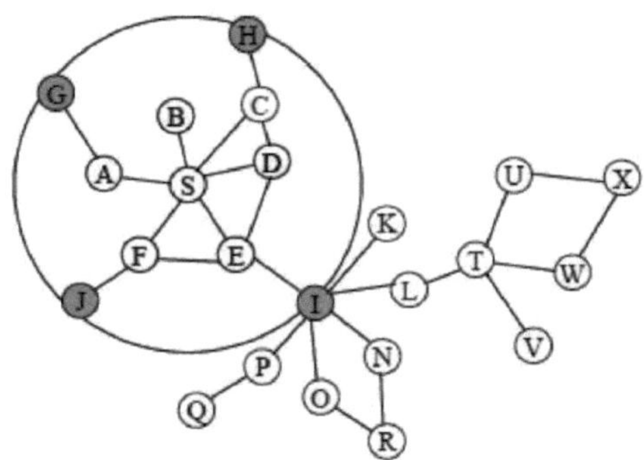

Figura 1.5 Nó de encaminhamento de S

1.8 Modelos de mobilidade em MANET's

1.8.1 Modelo de ponto de passagem aleatório

O modelo de mobilidade de pontos de passagem aleatórios (Random Waypoint Mobility Model) [46] [47] é um modelo de mobilidade muito utilizado, que imita o movimento de entidades naturais em direção e velocidade extremamente imprevisíveis. Neste modelo, os nós móveis (MN) incluem tempos de pausa entre as mudanças de direção e/ou velocidade. Um MN começa por permanecer num local durante um determinado período de tempo e depois desloca-se para outro local, escolhendo um destino aleatório e uma velocidade uniformemente distribuída entre a velocidade mínima e a velocidade máxima. Após a chegada, o MN faz uma pausa durante um período de tempo específico antes de recomeçar o processo. Neste modelo, os nós móveis são inicialmente distribuídos aleatoriamente pela área de simulação. Esta distribuição aleatória inicial dos nós móveis não é representativa da forma como os nós se distribuem quando se deslocam [3]. O modelo de pontos de passagem aleatórios é amplamente aceite, principalmente devido à sua simplicidade de implementação e análise. No entanto, observamos que o modelo básico de ponto de passagem aleatório, tal como utilizado na maioria das simulações, é insuficiente para captar as seguintes caraterísticas de mobilidade:

• Dependência temporal: Devido a constrangimentos físicos da própria entidade móvel, a velocidade do nó móvel mudará contínua e suavemente em vez de abruptamente, ou seja, a velocidade atual depende da velocidade anterior. No entanto, as velocidades em dois intervalos de tempo diferentes são independentes no modelo de ponto de passagem aleatório.

• Dependência espacial: O padrão de movimento de um nó móvel pode ser influenciado e correlacionado com os nós na sua vizinhança. No Random Waypoint, cada nó móvel move-se independentemente dos outros.

• Restrições geográficas: Em muitos casos, o movimento de um nó móvel pode ser limitado ao longo de uma rua ou de uma autoestrada. Um mapa geográfico pode definir estes limites [48].

1.8.1.1 Limitações

Neste modelo, em cada instante, cada nó móvel escolhe um destino aleatório e desloca-se para ele com uma velocidade uniformemente distribuída em [0, *Vmax*], em que *Vmax* é a velocidade máxima permitida a um nó. Depois de chegar ao destino, o nó pára durante um período definido pelo parâmetro "tempo de pausa". Após este período, volta a escolher um destino aleatório e repete todo o processo até ao fim da simulação [48].

1.8.2 Modelo de Manhattan

Os modelos de ponto de passagem aleatório e RPGM são os modelos de mobilidade aleatória em que os movimentos dos nós móveis são livres em qualquer direção. Em algumas aplicações móveis, o movimento dos nós móveis segue um padrão de mobilidade semelhante ao dos mapas de estradas. Assim, o modelo Manhattan [47] também é considerado neste trabalho. No modelo Manhattan, os nós móveis emulam o movimento de nós que são semelhantes ao padrão de movimento nas ruas definidas por mapas. Neste modelo, são utilizados mapas para os padrões de movimento. O mapa é composto por um conjunto de ruas horizontais e verticais. Cada rua tem duas faixas de rodagem em cada direção (Norte e Sul para as ruas verticais, Este e Oeste para as ruas horizontais). O nó móvel pode deslocar-se ao longo da grelha de ruas horizontais e verticais do mapa. Numa intersecção de uma rua horizontal e vertical, o nó móvel pode virar à esquerda, à direita ou seguir em frente.

1.8.3 Modelo de grupo de pontos de referência

O modelo Reference Point Group Mobility (RPGM) [46] [47] [49] é um modelo de mobilidade de grupo que representa o movimento aleatório de um grupo de nós móveis, bem como o movimento aleatório de cada nó individual dentro do grupo [50]. Os movimentos do grupo baseiam-se no caminho percorrido por um centro lógico do grupo. O centro lógico do grupo é utilizado para calcular o movimento do grupo através de um vetor de movimento do grupo. O movimento do centro do grupo caracteriza completamente o movimento do seu grupo correspondente de nós móveis, incluindo a sua direção e velocidade. Os nós móveis individuais movem-se aleatoriamente em torno dos seus próprios pontos de referência predefinidos, cujos movimentos dependem do movimento do grupo. Este modelo de mobilidade é predominante em muitas aplicações ad hoc que exigem comunicações em grupo [3].

1.8.4   CMM (Modelo de Mobilidade de Coluna)

O CMM [29, 13, 40] é um modelo de mobilidade com dependência espacial, derivado do RPGM. Trata-se de um conjunto de nós móveis que se deslocam em torno de uma determinada linha ou coluna, que se move numa direção de avanço ou linha. Uma pequena modificação do modelo de mobilidade da coluna permite que os nós móveis individuais sigam um outro nó no momento do movimento. Para a implementação deste modelo, temos uma grelha de referência inicial que forma a coluna para os nós móveis. Cada nó móvel é então colocado em relação ao seu ponto de referência na grelha de referência; o nó móvel pode então mover-se aleatoriamente em torno do seu ponto de referência através de um modelo de mobilidade de entidade. O novo ponto de referência para um novo nó móvel é calculado da seguinte forma Novo_ponto_de_referência = Antigo_ponto_de_referência + Vetor de avanço

1.9 Esquema do livro

* CAPÍTULO 1- Breve explicação dos protocolos fundamentais das redes

* CAPÍTULO 2 - Este capítulo contém o levantamento bibliográfico que fornece informações sobre as técnicas utilizadas.

* CAPÍTULO 3 - Este capítulo explica o problema encontrado no sistema existente que conduz aos objectivos e metas do trabalho.

* CAPÍTULO 4- Este capítulo contém o projeto e a implementação passo a passo, bem como a análise dos resultados e o gráfico de comparação.

* CAPÍTULO 5- Este capítulo conclui este trabalho com o seu âmbito futuro.

CAPÍTULO 2

REVISÃO DA LITERATURA

2.1 Antecedentes

Uma rede n ad-hoc é um conjunto de hosts móveis sem fios que formam uma rede temporária sem o auxílio de qualquer infraestrutura autónoma ou administração centralizada. As redes ad-hoc móveis são redes sem fios multi-hop auto-organizadas e auto-configuráveis, em que a estrutura da rede muda dinamicamente. Isto deve-se principalmente à mobilidade dos nós. Os nós destas redes utilizam o mesmo canal sem fios de acesso aleatório, cooperando de forma amigável para se envolverem no encaminhamento multihop. Os nós da rede não actuam apenas como anfitriões, mas também como encaminhadores que encaminham os dados de/para outros nós da rede. Nas redes ad-hoc móveis, em que não existe qualquer infraestrutura de apoio, como é o caso das redes sem fios, e uma vez que um nó de destino pode estar fora do alcance de um nó de origem que transmite pacotes, é sempre necessário um procedimento de encaminhamento para encontrar um caminho que permita encaminhar adequadamente os pacotes entre a origem e o destino. Dentro de uma célula, uma estação de base pode alcançar todos os nós móveis sem encaminhamento através de difusão em redes sem fios comuns. No caso das redes ad-hoc, cada nó deve ser capaz de encaminhar dados para outros nós. Este facto cria problemas adicionais, juntamente com os problemas da topologia dinâmica, que consiste em alterações imprevisíveis da conetividade.

2.2 Revisão da literatura

Santosh Kumar, S C Sharma, Bhupendra Suman, Simulation Based Performance Analysis of Routing Protocols Using Random Waypoint Mobility Model in Mobile Ad Hoc Network [4] Os autores tentaram comparar o desempenho de dois protocolos de encaminhamento reactivos a pedido proeminentes para redes ad hoc móveis: DSR e AODV, juntamente com o tradicional protocolo proactivo DSDV. Os protocolos a pedido, AODV e DSR, têm um melhor desempenho em simulações de elevada mobilidade do que o protocolo DSDV baseado em tabelas. Embora o DSDV tenha um bom desempenho em relação a todas as matrizes de desempenho incluídas no documento, se não tiver restrições de largura de banda. Os diferenciais de desempenho são analisados com base na variação da carga da rede, da mobilidade e do tamanho da rede. Os autores concluem que, uma vez estabelecida a rota, o desempenho do protocolo AODV para diferentes condições de carga apresenta melhores resultados ao longo de todo o tempo de simulação, exceto no início e no fim.

O atraso médio de fim-de-fim da entrega de pacotes foi mais elevado tanto no DSR como no AODV em comparação com o DSDV, quando o número de nós aumentou. A sobrecarga de encaminhamento do DSDV é aproximadamente constante, variando o tempo de pausa entre o início e o fim da simulação, em comparação com o AODV e o DSR. À medida que o número de fontes aumenta até um certo limite e sem grandes restrições de largura de banda, verifica-se que o DSDV tem um bom desempenho no que respeita a todas as matrizes de desempenho incluídas, em comparação com o AODV e o DSR. Tanto o AODV como o DSR têm melhor desempenho do que o DSDV em simulações de mobilidade elevada. Num cenário de menor mobilidade, o DSR tem geralmente melhor desempenho do que o AODV devido à estratégia de armazenamento em cache utilizada pelo DSR, mas tal só é possível com uma carga reduzida. Embora o AODV tenha um desempenho superior ao do DSR em situações de maior "stress" em caso de aumento da carga e de maior mobilidade. A elevada mobilidade resulta em falhas frequentes das ligações e a sobrecarga envolvida na atualização de todos os nós com as novas informações de encaminhamento, como acontece no DSDV, é muito maior do que a envolvida no AODV e no DSR, em que as rotas são criadas como e quando necessário.

R. Manoharan and E. Ilavarasan, Impact of Mobility On The Performance of Multicast Routing Protocols In MANET's [3] O objetivo deste trabalho é estudar o impacto dos modelos de mobilidade no desempenho dos protocolos de encaminhamento multicast em MANET. Neste trabalho, foram escolhidos e implementados no NS2 três modelos de mobilidade amplamente utilizados, tais como os modelos de mobilidade Random Way Point, Reference Point Group e Manhattan, e três protocolos de encaminhamento multicast populares, tais como o On-Demand Multicast Routing Protocol, o Multicast Ad hoc On-demand Distance Vetor Routing protocol e o Adaptive Demand driven Multicast Routing protocol. Foram efectuadas várias experiências para estudar os pontos fortes e fracos relativos e a aplicabilidade dos protocolos multicast a estes modelos de mobilidade. Os autores analisaram o impacto do padrão de mobilidade no desempenho do encaminhamento multicast das redes ad hoc móveis e concluíram que, para além dos pontos fortes e fracos dos protocolos de encaminhamento multicast individuais, os padrões de mobilidade também têm influência no desempenho dos protocolos de encaminhamento. A conetividade dos nós móveis, a configuração da rota e o tempo de reparação são os principais factores que afectam o desempenho do protocolo. No nosso caso, não há um vencedor claro entre os protocolos, uma vez que os diferentes padrões de mobilidade parecem dar classificações de desempenho diferentes aos protocolos.

M.K. Jeya Kumar and R.S. Rajesh,A Survey of MANET Routing Protocols in Mobility Models [1] O autor estuda o desempenho de diferentes protocolos de encaminhamento em diferentes modelos de mobilidade. Nesta investigação, foram considerados 2 modelos de mobilidade com restrições de alta mobilidade e baixa mobilidade, que reflectem os padrões de mobilidade realistas dos nós com alta mobilidade e baixa mobilidade. Os dois protocolos reactivos AODV e DSR são examinados com base nos traços derivados de cada um destes modelos de mobilidade para várias velocidades dos nós móveis, tráfego e densidade de nós na rede. Uma análise dos resultados obtidos a partir das simulações mostra que o protocolo AODV no modelo de área de simulação Boundless tem um melhor desempenho do que o DSR. Com base nas observações, é possível sugerir que o protocolo de encaminhamento AODV pode ser utilizado em condições de mobilidade elevada, uma vez que tem um desempenho superior ao dos protocolos DSR, e concluir que, no modelo probabilístico de passeio aleatório, o padrão de mobilidade não apresenta curvas fechadas nem paragens súbitas. O número de vizinhos torna-se médio e a distância entre saltos é mínima. Isto reduz o atraso e aumenta o rácio de entrega de pacotes. O AODV apresenta um bom desempenho em caso de mobilidade elevada/baixa, tráfego elevado/baixo e rede esparsa/densa. Mas o desempenho do DSR é bom para baixo tráfego e baixa mobilidade. A área de simulação sem limites permite que o nó se desloque sem obstáculos ao longo de toda a área de simulação e evita os esforços de borda causados em todos os restantes modelos. O padrão de deslocação dos nós móveis é mais suave e a velocidade e a direção de deslocação em cada passo dependem da velocidade e da direção anteriores. Os resultados da simulação mostram que o desempenho produzido por ambos os protocolos pode ser utilizado, mas o AODV pode ser aconselhável para uma distribuição esparsa.

Sunil Taneja e Ashwani Kush, A Survey of Routing Protocols in Mobile Ad Hoc Networks [8] Neste documento, os autores fornecem uma visão geral dos três protocolos DSR, AODV e TORA, apresentando as suas caraterísticas, funcionalidade, benefícios e limitações e, em seguida, fazem uma análise comparativa para analisar o seu desempenho. O objetivo deste trabalho é fazer observações sobre como o desempenho destes protocolos pode ser melhorado. Os autores concluíram que, devido à topologia em mudança dinâmica e à falta de infraestrutura, as caraterísticas descentralizadas, a segurança e a consciência de energia são difíceis de alcançar em redes ad hoc móveis. Assim, os mecanismos de segurança e de consciencialização da energia devem ser caraterísticas incorporadas em todos os tipos de aplicações baseadas em redes ad hoc. O estudo incide sobre estas questões no nosso futuro trabalho de investigação e serão envidados esforços no sentido de propor uma solução para o encaminhamento em redes ad hoc, abordando estas questões fundamentais do encaminhamento seguro e consciente da energia/eficiente em termos energéticos.

Fan Bai, Narayanan Sadagopan, Ahmed Helmy, A framework to systematically analyse the Impact of Mobility on Performance of Routing protocols for Adhoc Networks [6] Nesta investigação, o autor avalia o impacto de diferentes modelos de mobilidade no desempenho dos protocolos de encaminhamento das MANET. Propomos várias métricas independentes do protocolo para captar caraterísticas de mobilidade interessantes, incluindo a dependência espacial e temporal e as restrições geográficas. Além disso, é introduzido um conjunto rico de modelos de mobilidade parametrizados, incluindo os modelos Random Waypoint, Group Mobility, Freeway e Manhattan. Com base nestes modelos, são escolhidos cuidadosamente vários cenários de "conjunto de teste" para abranger o espaço métrico. Este documento demonstra a utilidade do nosso conjunto de testes através da avaliação de vários protocolos de encaminhamento MANET, incluindo DSR, AODV e DSDV. Os nossos resultados mostram que o desempenho do protocolo pode variar drasticamente consoante os modelos de mobilidade e que as classificações de desempenho dos protocolos podem variar consoante os modelos de mobilidade utilizados. Este efeito pode ser explicado pela interação das caraterísticas da mobilidade com as propriedades do grafo de conetividade. Por fim, os autores tentam decompor os protocolos de encaminhamento em "blocos de construção" mecanicistas para obter uma visão mais profunda das variações de desempenho dos protocolos face à mobilidade. Concluem que, no nosso caso, não há um vencedor claro entre os protocolos, uma vez que diferentes padrões de mobilidade parecem dar diferentes classificações de desempenho dos protocolos. Os autores esperam que o "conjunto de teste" de modelos de mobilidade possa ser incorporado nos cenários actuais utilizados para testar os protocolos de encaminhamento de MANET.

Sabina Barakovic, Suad Kasapovic, and Jasmina Barakovic,Comparison of MANET Routing Protocols in Different Traffic and Mobility Models [7] Neste trabalho de investigação os autores comparam o desempenho de três protocolos de encaminhamento: Destination Sequenced Distance Vetor (DSDV), Ad Hoc On demand Distance Vetor (AODV) e Dynamic Source Routing (DSR), com base na análise de resultados obtidos através de simulações com diferentes cenários de carga e mobilidade efectuadas com o Network Simulator versão 2 (NS-2). Em cenários de baixa carga e baixa mobilidade, os protocolos de encaminhamento têm um desempenho semelhante. No entanto, com o aumento da mobilidade e da carga, o DSR supera os protocolos AODV e DSDV. Os autores concluem que, em cenários de baixa mobilidade e baixa carga, os três protocolos reagem de forma semelhante, ao passo que, com mobilidade ou aumento de carga, o DSR supera os protocolos de encaminhamento AODV e DSDV. Os maus desempenhos do protocolo de encaminhamento DSR, quando a mobilidade ou a carga aumentam, são consequência da utilização agressiva da cache e da falta de qualquer mecanismo para expirar rotas obsoletas ou determinar a frescura das rotas quando estão disponíveis várias opções. Sugerem também que, para analisar e melhorar os protocolos de encaminhamento MANET existentes ou novos, é desejável examinar outras métricas, como o consumo de energia, a tolerância a falhas, o número de saltos, o jitter, etc., em vários modelos de mobilidade e de tráfego.

S. Sathish, K. Thangavel and S. Boopathi, Performance Analysis of DSR, AODV, FSR and ZRP Routing Protocols in MANET [9] O objetivo deste artigo é estudar a avaliação do desempenho de três protocolos de encaminhamento diferentes, i.e. Dynamic Source Routing Protocol (DSR), Ad hoc On-demand Distance Vetor (AODV), Fisheye State Routing (FSR) e Zone Routing Protocol (ZRP), relativamente a tempos de pausa variáveis. O desempenho do DSR, do FSR e do ZRP é avaliado com base no atraso médio de extremo a extremo, no rácio de entrega de pacotes, na taxa de transferência e na instabilidade média. A conclusão é apresentada de acordo com os resultados da simulação e conclui-se que o DSR apresenta o melhor desempenho do que o AODV, o FSR e o ZRP em termos de rácio de entrega de pacotes e de taxa de transferência em função do tempo de pausa. O FSR apresenta o menor atraso extremo-a-extremo e o ZRP tem menos instabilidade média do que o DSR, o AODV e o FSR. O DSR e o AODV tiveram o pior desempenho em termos de jitter médio e o ZRP teve o pior desempenho em termos de taxa de transferência.

Charu Wahi, Sanjay Kumar Sonbhadra, Mobile Ad Hoc Network Routing Protocols: A Comparative Study [10] Neste artigo, o autor apresenta uma análise e uma comparação dos três protocolos DSDV, AODV e DSR concebidos para as MANET e conclui que um único protocolo de encaminhamento não pode ter o melhor desempenho em todas as situações. Assim, a escolha do protocolo de encaminhamento deve ser feita cuidadosamente, de acordo com os requisitos da aplicação específica.

Ravinder Ahuja, Simulation based Performance Evaluation and Comparison of Reactive, Proactive and Hybrid Routing Protocols based on Random Waypoint Mobility Model [11] Neste artigo, os autores centram-se nos protocolos reativo (AODV), pró-ativo (OLSR) e híbrido (ZRP) baseados no modelo de mobilidade de pontos de passagem aleatórios. O autor avalia o desempenho de três tipos de protocolos de encaminhamento (AODV, OLSR e ZRP) com base na taxa de entrega de pacotes, no atraso médio de extremo a extremo e na taxa de entrega de pacotes. E analisa e compara o desempenho dos protocolos utilizando o Qualnet 4.5 a partir de uma rede escalável. E concluir que os protocolos reactivos são melhores em termos de taxa de entrega de pacotes e de débito.

Tamilarasan-Santhamurthy, A Quantitative Study and Comparison of AODV, OLSR and TORA Routing Protocols in MANET's [12] O autor apresenta um levantamento lógico dos protocolos de encaminhamento e compara o desempenho do AODV, OLSR e TORA, concluindo que o OLSR é mais competente em redes de alta densidade com tráfego altamente esporádico. O OLSR exige que a rede disponha continuamente de alguma largura de banda para receber as mensagens de atualização da topologia. O AODV continua a melhorar o rácio de entrega de pacotes em redes densas. O desempenho de todos os protocolos foi quase estável em meios esparsos com pouco tráfego. O TORA tem um desempenho muito melhor na entrega de pacotes devido à seleção das melhores rotas utilizando o gráfico acíclico. Concluiu-se que o desempenho do TORA é melhor em redes densas. O AODV é melhor para redes moderadamente densas, enquanto o OLSR tem um bom desempenho em redes esparsas.

Rajendra V. Boppana, Ankit Mathur, Analysis of the Dynamic Source Routing Protocol for Ad hoc Networks [2] O protocolo Dynamic Source Routing (DSR) é um protocolo de encaminhamento simples e robusto concebido para utilização em redes ad-hoc sem fios multi-hop de nós móveis. Várias das optimizações propostas no protocolo tendem a prejudicar o desempenho, especialmente no caso de elevada mobilidade dos nós e baixa carga de tráfego. Esta questão foi estudada extensivamente, e o DSR demonstrou ter um melhor desempenho com certas optimizações desactivadas. Neste artigo, mostramos que o desempenho do DSR é insatisfatório mesmo com essas modificações. Vários estudos anteriores indicam que algumas das técnicas de recolha de rotas e optimizações propostas no protocolo original prejudicam efetivamente o desempenho em muitas situações e fazem com que o DSR tenha um desempenho inferior ao de outro protocolo de encaminhamento comummente utilizado - o vetor de distância ad hoc a pedido (AODV). No entanto, devido ao encaminhamento pela fonte, o DSR é considerado desejável do ponto de vista da segurança. Neste artigo, mostramos que, mesmo com essas modificações, o desempenho do DSR é insatisfatório (quase 40% dos pacotes injectados são descartados), especialmente com cargas de tráfego baixas. (Ao contrário de vários estudos anteriores, investigamos o desempenho do protocolo em cargas de tráfego baixas). Propomos três alterações simples e intuitivas ao protocolo de encaminhamento: (a) limitar as respostas enviadas pelos destinos em resposta a pedidos de rotas das fontes, (b) ordenar as rotas com base na frescura e não na contagem de saltos, e (c) limitar a um o número de rotas mantidas por destino. Usando simulações, mostramos que essas caraterísticas melhoram o desempenho do DSR.

Sachin Kumar Gupta & R. K. Saket, Performance Metric Comparison Of Aodv and Dsdv Routing Protocols In MANET's Using Ns-2[13] O objetivo deste artigo é comparar a métrica de desempenho **dos** protocolos de encaminhamento Aodv e Dsdv em MANET's utilizando o NS-2 com diferentes parâmetros de métrica QoS e analisar dois tipos de pacotes de dados TCP e UDP. No protocolo de encaminhamento DSDV e AODV, a taxa de entrega de pacotes é independente da carga de tráfego oferecida. Os autores concluem que, enquanto protocolo reativo, o AODV transmite informações sobre a rede apenas a pedido e o DSDV mantém um mecanismo de encaminhamento baseado em tabelas como protocolo de encaminhamento proactivo. Os protocolos AODV entregam 70% a 90% dos pacotes em todos os casos, enquanto o DSDV entrega 50% a 75%. O atraso é elevado inicialmente no AODV, mas após algum tempo é muito baixo. Mas, no caso do DSDV, é muito baixo no início e aumenta gradualmente, especialmente para os pacotes UDP. O DSDV apresenta um melhor desempenho em termos de jitter devido à baixa mobilidade dos nós e ao canal livre, mas a variação do tempo de chegada dos pacotes ou jitter é um pouco elevada no caso do AODV devido à elevada mobilidade dos nós e à indisponibilidade de canal livre. Assim, podemos concluir que o AODV indica a sua maior eficiência e desempenho sob alta mobilidade do que o DSDV. Os resultados da simulação mostram o desempenho dos pacotes TCP e UDP no que respeita ao atraso médio de extremo a extremo, à taxa de transferência e ao jitter. Finalmente, conclui-se que o desempenho do AODV é melhor do que o do protocolo de encaminhamento DSDV para aplicações em tempo real.

Sushil Kumar, Dinesh Singh & Mridul Chawla, Performance Comparison of Routing Protocols in MANET Varying Network Size [14] Neste artigo, os autores comparam o desempenho de três protocolos de encaminhamento DSDV, DSR e AODV para tráfego CBR, variando o número de nós em termos de rácio de entrega de pacotes, atraso de extremo a extremo, sobrecarga de encaminhamento e débito. A simulação é efectuada no NS2. Os autores concluem que o desempenho dos dois protocolos reactivos (DSR e AODV) foi melhor do que o do DSDV. O desempenho global do DSR foi melhor do que o dos outros dois protocolos, exceto no caso do atraso de extremo a extremo. O valor mais elevado do atraso no DSR deveu-se principalmente ao armazenamento em cache e à falta de mecanismos para expirar rotas obsoletas. O desempenho do AODV foi comparável ao do DSR no que respeita à taxa de entrega de pacotes e à taxa de transferência; foi melhor no que respeita ao atraso de extremo a extremo e inferior no que respeita à sobrecarga de encaminhamento.

W.R. Salem Jeyaseelan e Shanmugasundaram Hariharan, Investigation on Routing Protocols in MANET [17] Os autores estudaram o desempenho do protocolo de encaminhamento reativo de MANET, nomeadamente o AODV. A conceção de estratégias de encaminhamento para MANETs começou por otimizar os protocolos de encaminhamento concebidos para redes com fios. O algoritmo Position-based Selective Flooding (PSF) é utilizado na descoberta de rotas para o AODV e o seu desempenho foi avaliado utilizando o NS-2. Os resultados da simulação mostram que o nosso algoritmo de inundação baseado na posição produz menos despesas de encaminhamento do que a inundação pura, expandindo a pesquisa em anel (utilizada no AODV). Isto deveu-se ao mecanismo de localização empregue no DSR. Por outro lado, quando o atraso do segmento é considerado, tanto o OLSR como o AODV têm um desempenho muito fiável e estabelecem uma ligação rápida entre os nós sem qualquer atraso adicional. No entanto, o DSR apresentou um elevado atraso de extremo a extremo devido à formação de loops temporários na rede. Por último, quando o desempenho global é comparado, a taxa de transferência foi considerada o principal fator, porque é a taxa real de dados recebidos com êxito pelos nós em comparação com a largura de banda declarada. O OLSR tem o pior desempenho entre os três protocolos analisados, apresentando um débito muito inferior ao do AODV e do OLSR. Foi argumentado que tal se devia ao facto de as abordagens baseadas em tabelas terem um procedimento de encaminhamento mais complicado. No que respeita ao desempenho global, o AODV e o OLSR tiveram um desempenho bastante bom, apresentando um desempenho médio ao longo da simulação, o que é equivalente ao resultado gerado por outros investigadores. No entanto, o AODV demonstrou uma melhor eficiência para lidar com congestionamentos elevados e foi mais eficaz na entrega de pacotes numa rede com muito tráfego do que o OLSR e o DSR.

Parma Nand, Dr. S.C. Sharma, Estudo comparativo e análise de desempenho dos protocolos de encaminhamento FSR, ZRP e AODV para MANET [19] O objetivo deste artigo é examinar o protocolo de encaminhamento híbrido denominado Zone Routing Protocol (ZRP), Fisheye State Routing Protocol (FSR) e Ad Hoc On-Demand Distance-Vetor Protocol (AODV) e apresentar um estudo comparativo das caraterísticas e análise de desempenho utilizando as métricas de desempenho throughput, atraso de ponta a ponta e taxa de entrega de pacotes utilizando o simulador de rede Qualnet 5.0.2. Os investigadores concluem que o FSR e o AODV superam o ZRP em geral para todos os cenários devido às suas despesas gerais reduzidas e à técnica de alcance multinível. A reduzida sobrecarga de tráfego de encaminhamento e a propagação apenas periódica de informações sobre o estado da ligação tornam o FSR adequado para a topologia de rede com elevada mobilidade e dinâmica, pelo que o débito é bom com a elevada mobilidade dos nós, o mesmo acontecendo com o AODV. O fraco desempenho do ZRP deve-se também ao facto de não dispor de um mecanismo adequado para expirar as rotas expiradas. O ZRP é adequado para cenários de baixa mobilidade e, por conseguinte, o atraso médio de extremo a extremo é também muito elevado com uma mobilidade elevada.

Narendra Singh Yadav, R.P.Yadav,Performance Comparison and Analysis of Table- Driven and On-Demand Routing Protocols for Mobile Ad-hoc Networks [24] Os investigadores utilizaram dois protocolos de encaminhamento para redes ad hoc móveis - o Destination Sequenced Distance Vetor (DSDV), (DSDV), um protocolo orientado por tabela, e o Ad hoc On- Demand Distance Vetor routing (AODV), um protocolo a pedido, e avaliaram ambos os protocolos com base na fração de entrega de pacotes, na carga de encaminhamento normalizada, no atraso médio e na taxa de transferência, variando o número de nós, a velocidade e o tempo de pausa.Com a ajuda dos resultados da simulação, os autores concluem que ambos os protocolos entregam uma maior percentagem dos pacotes de dados originados quando há pouca mobilidade dos nós, convergindo para uma taxa de entrega de 100% quando não há movimento dos nós. A carga de encaminhamento normalizada para o AODV aumenta drasticamente à medida que o número de nós aumenta. A carga de encaminhamento também aumenta à medida que a velocidade dos nós aumenta. Mas para o DSDV, a carga de encaminhamento normalizada é quase a mesma em relação à velocidade dos nós.

Resumo do capítulo

A pesquisa é muito maior do que a incluída neste trabalho, mas na linha de desenvolver bons resultados, achei estes artigos bons para serem considerados. Muitos investigadores trabalharam em diferentes conjuntos de protocolos, medindo o seu desempenho com base em diferentes parâmetros, mas ainda há margem para melhorias em certos casos em que utilizamos uma abordagem diferente, utilizando outro conjunto de regras.

Esboço do próximo capítulo

O capítulo seguinte, denominado "Formulação do problema", apresenta o que me levou a optar por este projeto. Determina qual o problema existente no sistema atual que me incentivou a avançar para o meu trabalho de dissertação.

<u>CAPÍTULO 3</u>

FORMULAÇÃO DE PROBLEMAS

3.1 Formulação do problema

Sendo um tipo especial de rede, as redes móveis ad hoc (MANET) têm merecido uma atenção crescente da investigação nos últimos anos. Há muitos projectos de investigação activos relacionados com as MANET. As redes móveis ad hoc são redes sem fios que utilizam o encaminhamento multi-hop em vez de uma infraestrutura de rede estática para fornecer conetividade de rede para uma melhor comunicação. As MANET têm aplicações em ambientes militares dinâmicos e de implantação rápida, em ambientes civis, em operações de emergência e em redes de sensores. A topologia da rede nas MANET muda normalmente com o tempo. Por conseguinte, há novas mudanças no protocolo de encaminhamento em MANETs, uma vez que os protocolos de encaminhamento tradicionais podem não ser adequados para MANETs. Esta dissertação apresenta um estudo comparativo do protocolo reativo e proactivo com três modelos de mobilidade utilizando o simulador NS-2. Nesta dissertação, é feita a avaliação do desempenho de cinco protocolos de encaminhamento Mobile Ad hoc comummente utilizados (AODV, DSR, OLSR, DSDV, TORA) com três modelos de mobilidade (RPGM, CMM, RWP). Nos últimos anos, foram introduzidas novas normas para melhorar as capacidades dos protocolos de encaminhamento ad hoc. Como resultado, as redes ad hoc têm vindo a receber muita atenção da comunidade de investigação sobre redes sem fios. Nesta dissertação, utilizando o ambiente de simulação NS-2, avaliou-se o desempenho de protocolos de encaminhamento de redes ad hoc amplamente utilizados sob diferentes modelos de mobilidade numa área de 700 x 700 m^2 . As caraterísticas de simulação utilizadas nesta dissertação são Packet Delivery Ratio. Atraso médio de fim a fim, carga de encaminhamento normalizada e taxa de transferência. Podemos resumir a nossa conclusão final a partir dos nossos resultados experimentais da seguinte forma:

- O aumento da densidade de nós conduz a um aumento do atraso médio de extremo a extremo.

- O aumento do número de nós leva a uma diminuição do Throughput.

- O aumento do número de nós provoca uma diminuição do rácio de entrega de pacotes.

- O aumento do número de nós na rede provoca uma carga de encaminhamento normalizada elevada

3.2 Objectivos

O objetivo desta dissertação é avaliar cinco dos protocolos de encaminhamento propostos, nomeadamente o AODV, DSR, OLSR, DSDV, TORA, sob os três modelos de mobilidade que são RWP (Random Waypoint Modal), PRGM (reference Point Group Mobility Model), CMM (Column Mobility Model) para redes ad-hoc sem fios, com base em caraterísticas de desempenho como a taxa

33

de entrega de pacotes, o atraso médio de fim a fim, a carga de encaminhamento normalizada e a taxa de transferência. Esta avaliação é implementada usando o simulador de rede-2 em ambiente de simulação na área de 700 x 700 m^2 ser feito teoricamente. A dissertação também incluiu o objetivo de gerar um ambiente de simulação que possa ser utilizado como plataforma para estudos futuros na área das redes ad-hoc móveis (MANET's)

O objetivo deste trabalho é:

- Obter uma compreensão geral das redes ad-hoc.

- Gerar um ambiente de simulação que possa ser utilizado para estudos posteriores.

- Implementar alguns dos protocolos de encaminhamento propostos para redes ad-hoc sem fios com modelo de mobilidade.

- Analisar os diferentes simuladores para MANET.

- Elaborar uma classificação dos protocolos quanto à sua aplicabilidade no domínio da investigação

- Recomendar protocolos para cenários de rede específicos.

- Uma rede Ad-Hoc é um conjunto de nós móveis sem fios, que formam uma rede temporal sem a ajuda de qualquer administração centralizada. Os nós numa rede ad-hoc móvel são livres de se deslocarem e de se organizarem de forma arbitrária. Cada utilizador é livre de se deslocar enquanto comunica com os outros. Na rede ad-hoc móvel, os protocolos de encaminhamento reactivos e proactivos enfrentam muitos desafios, como a mudança frequente de topologias, o aumento do número aleatório de nós, os travões de ligação, etc. Para enfrentar este tipo de desafios, esta dissertação avalia vários protocolos de encaminhamento reactivos e proactivos com o NS-2 numa área de 700x700 m2 para extrair as boas propriedades de cada protocolo de encaminhamento, de modo a representar um protocolo de encaminhamento híbrido ideal para a rede Ad-hoc móvel, com a ajuda dos seguintes parâmetros: i) Entrega de pacotes R atio ii) Atraso médio de extremo a extremo iii) Taxa de transferência e iv) Carga de encaminhamento normalizada

- Em suma, o AODV tem o melhor desempenho global. O DSR é adequado para redes com uma taxa de mobilidade moderada. Tem uma sobrecarga reduzida, o que o torna adequado para redes de baixa largura de banda e de baixa potência. Com base nesta análise, podemos propor um novo protocolo de encaminhamento híbrido, o protocolo proposto terá todas as propriedades vitais discutidas, uma vez que dará um desempenho esperado em todos os aspectos testados ou parâmetros mostrados na dissertação As MANETs perseguem a topologia dinâmica em que os nós móveis podem ligar-se e deixar a rede a qualquer momento. Os protocolos de encaminhamento contribuem para um trabalho vital na comunicação Ad-Hoc. O AODV e o DSR têm desvantagens importantes no que respeita à escalabilidade em redes Ad-Hoc de grande escala. No mesmo ambiente, o TORA apresenta o pior desempenho em todos os casos e nos modelos de mobilidade em termos de parâmetros-chave como o atraso médio de fim-de-fim e o débito, o atraso médio de fim-de-fim e o rácio de entrega de pacotes em ambiente MANET

3.3 Metodologia proposta

Neste trabalho estamos a utilizar a topologia de 700x700 m2 com 25,50,75,100 nós, estamos a aumentar o número total de nós mantendo a área total constante. Utilizámos o NS-2 devido às suas caraterísticas em comparação com outros simuladores de rede.

- O Ns2 é um simulador orientado para objectos escrito em C++ e OTcl. O simulador suporta uma hierarquia de classes em C++ e uma hierarquia de classes semelhante no interpretador OTcl. Existe uma correspondência de um para um entre uma classe na hierarquia interpretada e uma na hierarquia de compilação. A razão para utilizar duas linguagens de programação diferentes reside no facto de a OTcl ser adequada para os programas e configurações que exigem alterações frequentes e rápidas, enquanto a C++ é adequada para os programas que exigem elevada velocidade.

- O Ns2 é altamente extensível. Não só suporta os protocolos IP mais utilizados, como também permite aos utilizadores alargar ou implementar os seus próprios protocolos. A última versão do ns2 suporta os quatro protocolos de encaminhamento ad hoc, incluindo o DSR. Também fornece funcionalidades de rastreio poderosas, que são muito importantes no nosso projeto, uma vez que é necessário registar várias informações para análise. O código fonte completo do ns2 pode ser descarregado e compilado para várias plataformas, como UNIX, Windows e Cygwin.

Nesta dissertação, descrevemos os principais problemas de desempenho de cinco protocolos de encaminhamento (AODV, DSR, DSDV, OLSR e TORA) em MANET com três modelos de mobilidade (RPGM, CMM e RWP), descrevendo diferentes tipos de problemas de desempenho e as suas caraterísticas em ambiente MANET. O tamanho da rede é de 700 m por 700 m e discutimos o efeito da mobilidade do nó, utilizando vários factores de desempenho. Para obtermos melhores resultados, utilizámos na nossa dissertação cinco protocolos de encaminhamento (AODV, DSR, OLSR, DSDV, TORA) e comparámos todos eles com os três modelos de mobilidade RPGM, CMM e RWP e analisámo-los com diferentes parâmetros, tais como Packet Delivery Ratio, Average End To End Delay, Normalized Routing Load, Throughput.

Resumo do capítulo

O presente capítulo determina o sistema existente com falhas e enquadra as metas e objectivos do sistema.

Esboço do próximo capítulo

O capítulo seguinte apresenta a análise dos resultados do sistema a propor.

CAPÍTULO 4

ANÁLISE DE RESULTADOS

4. Análise de resultados

Nesta dissertação, utilizo o simulador NS para simular diferentes protocolos de encaminhamento. O simulador NS utiliza uma ferramenta visual chamada NAM. O NAM é uma ferramenta de animação baseada em Tcl/TK para visualizar traços de simulação de rede e dados de traços de pacotes do mundo real. Estou a utilizar uma topologia de 700x700 m2 com 25, 50, 75, 100 nós, aumentando apenas o número total de nós e mantendo a área total constante, ou seja, 700x700 m2, velocidade 20 ± 3 m/s, tempo de pausa 15 ± 3 s, tamanho do pacote 512 B, tempo de simulação de 300s e nós de tráfego 10, 20, 40, 60, respetivamente, com 25, 50, 75, 100 nós na simulação. Discuto o efeito da mobilidade no rácio de entrega de pacotes, no atraso médio de fim a fim, na carga de encaminhamento normalizada e na taxa de transferência da rede ad-hoc móvel.

4.1 Rácio de entrega de pacotes (PDR)

Packet delivery Ratio (PDR): é o rácio entre o número total de pacotes recebidos com sucesso pelos nós de destino e o número de pacotes enviados pelos nós de origem durante a simulação. Também descreve a taxa de perda dos pacotes, que, por sua vez, afecta o débito máximo que a rede pode suportar. A PDR é calculada com a ajuda da seguinte fórmula.

PDR= (Pacotes recebidos / Pacotes enviados)*100

4.2 Atraso médio de ponta a ponta

Atraso médio de extremo a extremo (AED): é definido como o atraso médio na transmissão de um pacote entre dois nós e um valor mais elevado de atraso de extremo a extremo significa que a rede está congestionada e, por conseguinte, o protocolo de encaminhamento não tem um bom desempenho.

4.3 Carga de encaminhamento normalizada

Este valor é calculado como o rácio entre o número de pacotes de encaminhamento transmitidos e o número de pacotes efetivamente recebidos (tendo em conta os pacotes descartados). Quanto mais elevado for o NRL, maior será a sobrecarga dos pacotes de encaminhamento e, consequentemente, menor será a eficiência do protocolo. É definido como o número de pacotes de encaminhamento "transmitidos" por cada pacote de dados "entregue" no destino. Cada transmissão de um encaminhamento é contada como uma transmissão. É a soma de todos os pacotes de controlo enviados por todos os nós da rede para descobrir e manter a rota.

O NRL é calculado pela seguinte fórmula

NRL = Pacote de encaminhamento/Pacotes recebidos.

4.4 Rendimento

A taxa média a que o número total de pacotes de dados é entregue com êxito de um nó para outro numa rede de comunicações é conhecida como taxa de transferência. O resultado é encontrado em KB/Seg. É calculado por Throughput= (número de pacotes entregues * tamanho do pacote)/duração total da simulação

MODELO RPGM				
	NÚMERO DE NÓS			
PROTOCOLO	25	50	75	100
AODV	99.91	94.66	67.76	54.79
DSDV	91.67	92.71	74.34	62.62
TORA	92.33	95.26	72.74	65.31
OLSR	99.89	97.74	68.47	33.46
DSR	93.67	93.63	74.39	53.54

Tabela 4.1: PDR NO MODELO RPGM

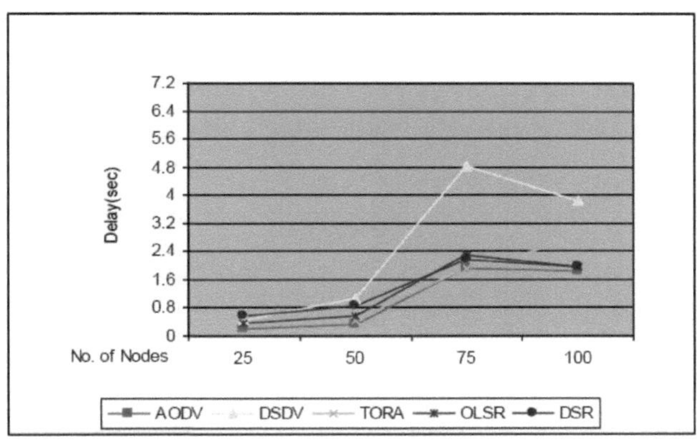

Figura 4.1: PDR NO MODELO RPGM

Evolução do desempenho dos protocolos com PDR no modelo RPGM

De acordo com o gráfico, o resultado mostra que o AODV desempenha um papel melhor no modelo RPGM porque dá o PDR máximo na área de menor número de nós na rede, mas à medida que os nós aumentam o PDR diminui, então o TORA é melhor do que os outros protocolos.

MODELO CMM				
PROTOCOLO	NÚMERO DE NÓS			
	25	50	75	100
AODV	98.79	97.68	84.55	76.43
DSDV	91.34	94.46	81.56	67.67
TORA	89.56	92.63	80.53	72.41

| OLSR | 98.74 | 96.81 | 54.59 | 38.98 |
| DSR | 92.72 | 95.69 | 83.36 | 78.48 |

Tabela 4.2: PDR NO MODELO CMM

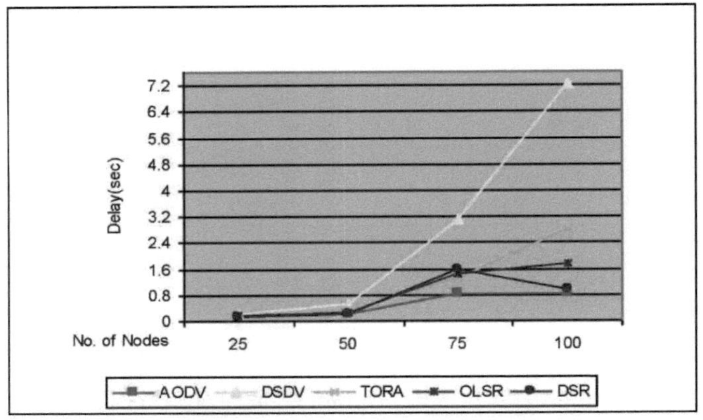

Figure 4.2: PDR IN CMM MODEL

Evolução do desempenho dos protocolos com PDR no modelo CMM

De acordo com o gráfico, o resultado mostra que o DSDV apresenta o melhor desempenho no modelo CMM. Em seguida, o TORA apresenta um melhor desempenho do que os outros protocolos no modelo CMM.

MODELO RWP				
	NÚMERO DE NÓS			
PROTOCOLOS	25	50	75	100
AODV	97.71	86.42	73.85	64.43
DSDV	81.91	47.82	47.72	14.73
TORA	79.92	34.81	27.87	10.77
OLSR	98.84	30.48	28.38	7.75
DSR	85.76	48.99	19.89	18.45

Tabela 4.3: PDR NO MODELO RWP

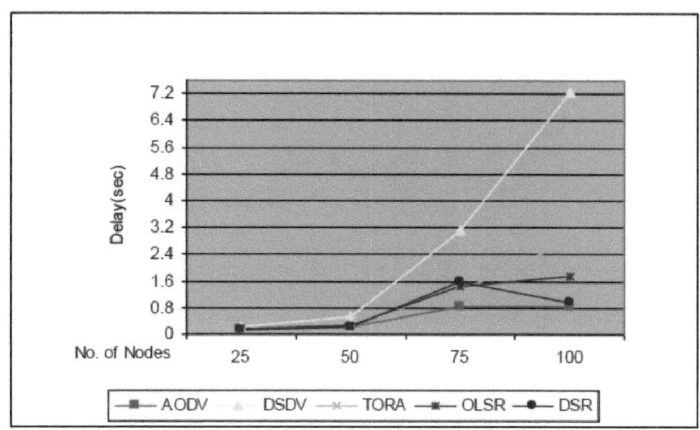

Figura 4.3: PDR NO MODELO RWP

Evolução do desempenho dos protocolos com PDR no modelo RWP

Como estamos a obter o resultado do gráfico, o melhor desempenho é dado pelo protocolo DSDV, depois o TORA dá melhor desempenho do que os outros protocolos, porque à medida que o número de nós aumenta o seu desempenho diminui.

MODELO RPGM				
	NÚMERO DE NÓS			
PROTOCOLO	25	50	75	100
AODV	1.06	1.11	1.85	2.23
DSDV	1.78	1.78	3.93	6.66
TORA	1.83	1.84	3.99	7.23
OLSR	1.53	1.85	2.35	6.82
DSR	1.17	1.21	6.56	9.76

Tabela 4.4: Carga de roteamento normalizada no modelo RPGM

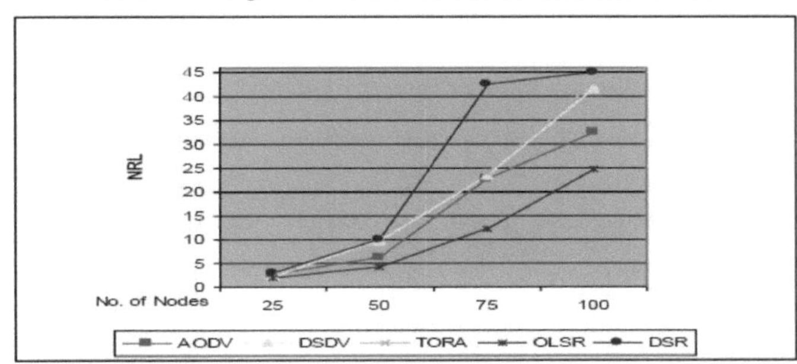

Figura 4.4: Carga de roteamento normalizada no modelo RPGM

Evolução do desempenho dos protocolos com carga de encaminhamento normalizada no modelo RPGM

Como resultado do gráfico acima, à medida que o número de nós aumenta, a NRL também aumenta. O NRL máximo é dado pelo protocolo DSR, mas o NRL mínimo é dado pelo protocolo OLSR no modelo RPGM.

MODELO CMM				
	NÚMERO DE NÓS			
PROTOCOLO	25	50	75	100
AODV	0.08	1.68	1.89	1.99
DSDV	1.46	1.79	2.38	2.37
TORA	1.51	1.84	2.44	2.54
OLSR	1.81	1.79	2.26	2.38
DSR	3.12	10.12	12.58	14.28

Tabela 4.5: Carga de encaminhamento normalizada no modelo CMM

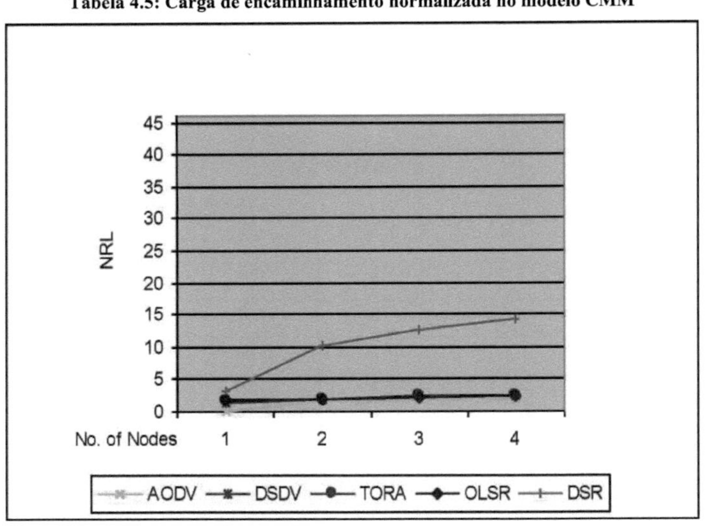

Figura 4.5: Carga de encaminhamento normalizada no modelo CMM

Evolução do desempenho dos protocolos com carga de encaminhamento normalizada no modelo CMM

No modelo CMM, o protocolo DSR tem o NRL máximo. Mas os outros protocolos têm um desempenho semelhante entre si.

MODELO RWP				
	NÚMERO DE NÓS			
PROTOCOLOS	25	50	75	100
AODV	2.67	6.22	22.76	32.38

DSDV	2.34	9.87	23.46	41.44
TORA	2.46	10.24	24.07	42.82
OLSR	1.98	4.3	12.34	24.75
DSR	3.12	10.12	42.58	44.98

Tabela 4.6: Carga de encaminhamento normalizada no modelo RWP

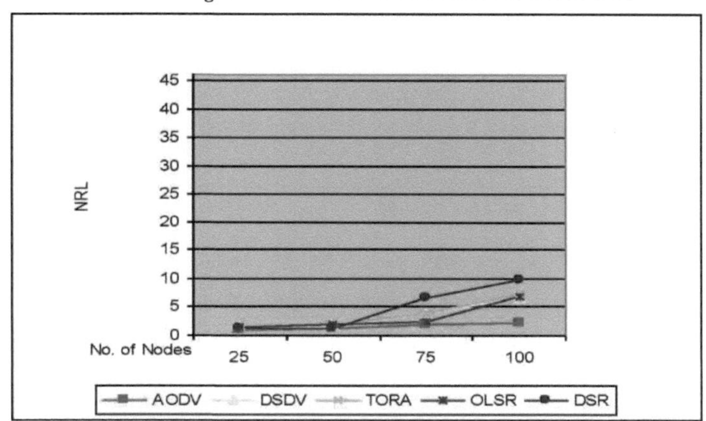

Figura 4.6: Carga de roteamento normalizada no modelo RWP

Evolução do desempenho dos protocolos com carga de encaminhamento normalizada no modelo RWP

No modelo RWP, os protocolos DSR fornecem o NRL máximo. E o AODV tem um NRL mínimo e os outros protocolos têm NRL semelhantes entre si.

MODELO RPGM				
	NÚMERO DE NÓS			
PROTOCOLO	25	50	75	100
AODV	76.85	74.53	52.93	44.18
DSDV	59.14	63.5	54.26	37.49
TORA	47.83	52.5	31.76	28.15
OLSR	76.83	76.96	53.91	26.98
DSR	60.04	64.57	54.29	31.68

Tabela 4.7: Taxa de transferência no modelo RPGM

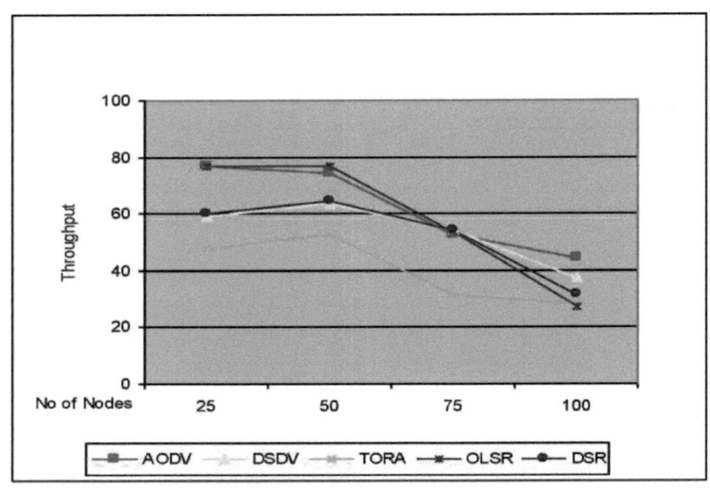

Figure 4.7: Throughput In RPGM Model

Evolução do Desempenho de Protocolos com Throughput no Modelo RPGM

No modelo RPGM, todos os protocolos têm um débito máximo, mas à medida que o número de nós aumenta, o débito diminui. Em resumo, podemos dizer que o AODV é o melhor no caso do modelo PRGM e o TORA é o pior dos protocolos.

MODELO CMM				
	NÚMERO DE NÓS			
PROTOCOLO	25	50	75	100
AODV	75.91	76.91	66.05	61.63
DSDV	58.92	64.69	59.53	40.52
TORA	46.4	50.61	35.16	31.21
OLSR	75.95	76.22	42.98	31.43
DSR	59.43	65.99	60.84	46.43

Tabela 4.8: Rendimento no modelo CMM

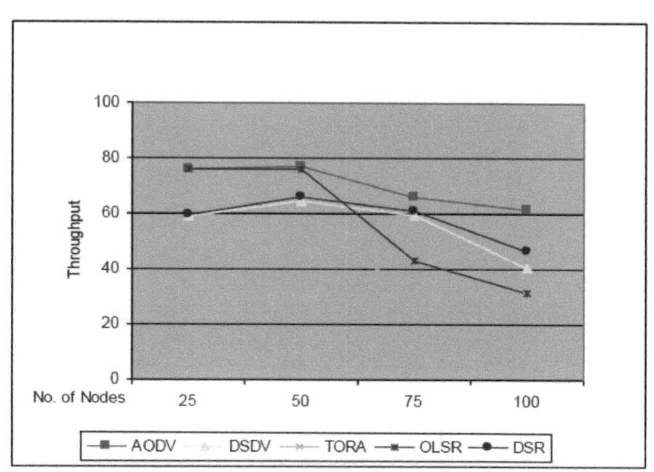

Figura 4.8: Taxa de transferência no modelo CMM

Evolução do desempenho dos protocolos com o rendimento no modelo CMM

No caso do modelo CMM, os protocolos AODV e OLSR têm um rendimento máximo quando o número de nós é menor, mas à medida que o número de nós aumenta, apenas o AODV apresenta um melhor desempenho do que os outros protocolos, mas o TORA tem o pior desempenho

PROTOCOLOS	MODELO RWP			
	NÚMERO DE NÓS			
	25	50	75	100
AODV	75.16	68.04	57.69	51.95
DSDV	52.84	51.24	34.83	8.82
TORA	41.41	19.01	12.17	4.62
OLSR	76.03	24.01	22.34	6.25
DSR	54.97	33.78	14.51	10.91

Tabela 4.9: Taxa de transferência no modelo RWP

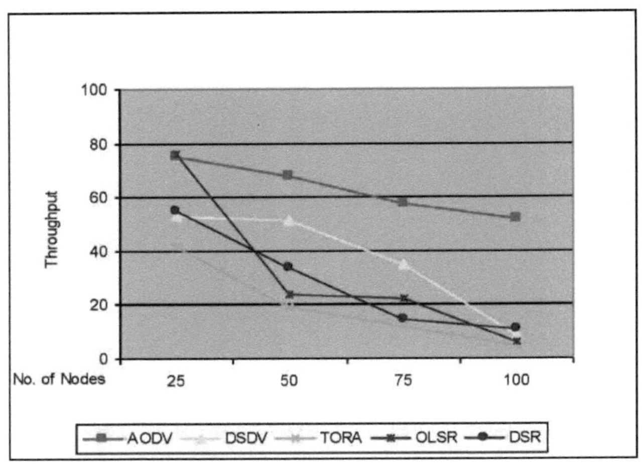

Figura 4.9: Taxa de transferência no modelo RWP

Evolução do desempenho dos protocolos com PDR Throughput no modelo RWP

No caso do modelo RWP, o protocolo AODV tem melhor desempenho do que os outros protocolos, mas à medida que o número de nós aumenta, o desempenho diminui. Mas o TORA dá o pior rendimento, mesmo que o número de nós seja 25 ou 100.

MODELO RPGM				
	NÚMERO DE NÓS			
PROTOCOLO	25	50	75	100
AODV	0.21	0.32	1.91	1.86
DSDV	0.43	1.06	4.82	3.84
TORA	0.64	0.47	1.94	2.76
OLSR	0.36	0.57	2.28	1.98
DSR	0.58	0.84	2.16	1.97

Tabela 4.10: Atraso médio de ponta a ponta no modelo RPGM

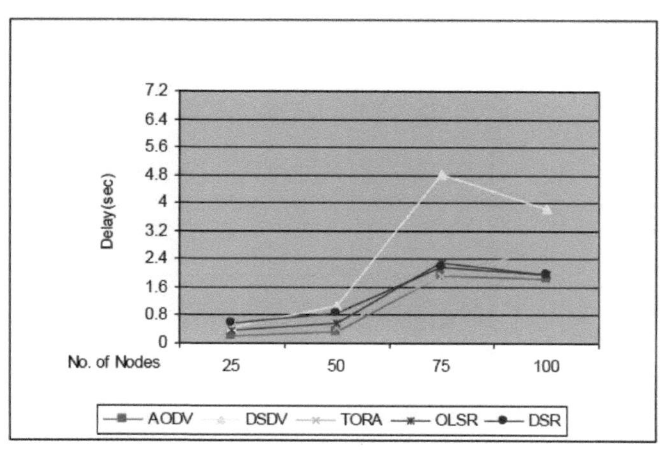

Figura 4.10: Atraso médio de ponta a ponta no modelo RPGM

Evolução do Desempenho de Protocolos com PDR Atraso Médio Fim-aFim no Modelo RPGM

No caso do modelo RPGM, à medida que o número de nós é menor, todos os protocolos têm um atraso mínimo, mas à medida que o número de nós aumenta, o protocolo AODV tem um atraso mínimo, mas os protocolos DSDV têm o atraso máximo. O TORA tem um atraso acentuado à medida que o número de nós aumenta.

MODELO CMM				
	NÚMERO DE NÓS			
PROTOCOLO	25	50	75	100
AODV	0.14	0.22	0.85	0.85
DSDV	0.22	0.53	3.12	7.23
TORA	0.17	0.34	1.32	2.8
OLSR	0.16	0.28	1.45	1.75
DSR	0.13	0.21	1.56	0.97

Tabela 4.11: Atraso médio de fim a fim Atraso médio de fim a fim no modelo CMM

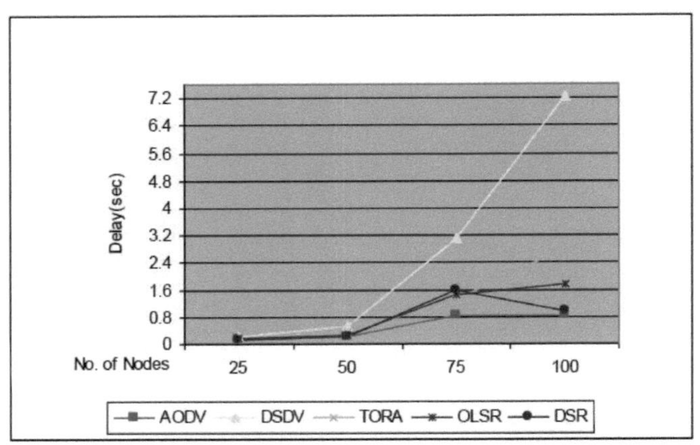

Figura 4.11: Atraso médio de ponta a ponta no modelo CMM

Evolução do desempenho dos protocolos com PDR Atraso médio fim-a-fim no modelo CMM

Tal como no modelo RPGM, todos os protocolos têm um atraso mínimo, mas quando o número de nós aumenta, o AODV tem um atraso mínimo. Mas o DSDV tem um rácio de atraso acentuado à medida que o número de nós aumenta.

MODELO RWP				
	NÚMERO DE NÓS			
PROTOCOLOS	25	50	75	100
AODV	0.21	1.37	2.08	2.27
DSDV	0.23	2.49	3.95	6.49
TORA	0.58	2.44	2.78	3.04
OLSR	0.59	2.46	3.43	5.83
DSR	0.37	1.57	2.28	2.57

Tabela 4.12: Atraso médio de ponta a ponta no modelo RWP

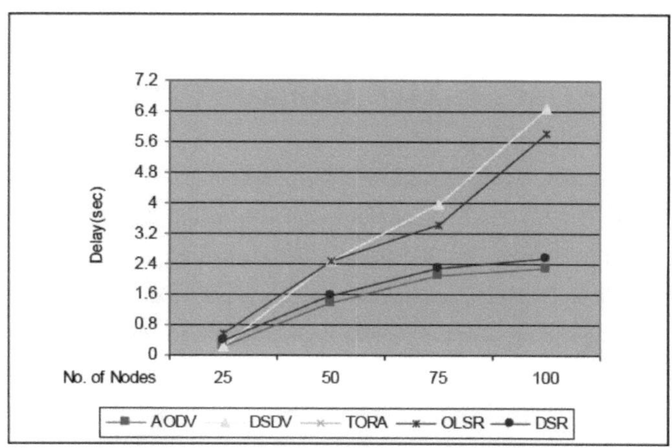

Figura 4.12: Atraso médio de extremo a extremo no modelo RWP

Evolução do desempenho dos protocolos com PDR Atraso médio fim-a-fim no modelo RWP

Tal como os modelos RPGM e CMM, todos os protocolos têm um atraso mínimo, mas à medida que o número de nós aumenta, o atraso também aumenta. Tal como os outros modelos, o AODV tem um atraso mínimo no modelo RWP. E o DSDV tem o atraso máximo, o que dá o pior desempenho em todos os modelos.

Resumo do capítulo

O presente capítulo determina a análise dos resultados de todo o trabalho apresentado para otimizar a fiabilidade dos dados e melhorar o desempenho em comparação com outros sistemas existentes.

Esboço do próximo capítulo

O capítulo seguinte conclui a discussão e apresenta o trabalho futuro.

CAPÍTULO 5

CONCLUSÃO E ÂMBITO FUTURO

5.1 Conclusão

Depois de estudar e analisar o comportamento de cinco protocolos de encaminhamento MANETs i.e. AODV, DSDV, DSR, OLSR, TORA sob os três modelos de mobilidade (RPGM, CMM, RWP) e, em seguida, comparar o desempenho dos protocolos utilizando o simulador NS-2 na área de 700 x 700 m2, que indica claramente o impacto significativo que o padrão de mobilidade dos nós tem no desempenho do encaminhamento, estes protocolos de encaminhamento foram comparados em termos de rácio de entrega de pacotes (PDR), atraso médio de fim a fim (atraso), carga de encaminhamento normalizada (NRL) e débito quando sujeitos a alterações no número de nós. Os nossos resultados de simulação mostram que os protocolos reactivos são muito melhores do que os proactivos no que diz respeito à entrega de pacotes (PDR), ao atraso médio de fim a fim (Delay), à carga de encaminhamento normalizada (NRD) e à taxa de transferência. Neste documento, verificamos que o aumento do número de nós tem impacto em todos os protocolos sob estes modelos de mobilidade, ou seja, a degradação varia consoante os diferentes protocolos e modelos de mobilidade. Nesta investigação, os nossos resultados são feitos sobre a forma como o AODV, o DSDV, o DSR, o OLSR e o TORA funcionam em diferentes condições de rede em MANET. O atraso do OLSR é menor e o do DSR é pior. A taxa de transferência é elevada no caso do AODV. No DSR, o atraso é superior ao do AODV e do OLSR. Em termos de dropper de pacotes, o DSDV tem um desempenho melhor e consistente com o aumento do número de nós, enquanto o AODV é o pior. Por outro lado, o DSR tem um melhor desempenho quando o número de nós é menor, mas falha quando o número de nós aumenta, mas o DSR apresenta um atraso elevado de extremo a extremo devido à formação de loops temporários na rede. O TORA é muito fraco e não é fiável para as MANET. No futuro, podemos avaliar o desempenho destes cinco protocolos de encaminhamento em três modelos de mobilidade, variando a velocidade e o tempo de pausa.

5.2 Âmbito futuro

No futuro, podemos comparar o desempenho de outros protocolos como o híbrido e outros protocolos reactivos e proactivos com outro modelo de mobilidade. Também podemos alterar o tamanho da rede e o número de nós.

Referências

[1] A. K. Dwivedi, Sunita Kushwaha, O. P. Vyas, "Performance of Routing Protocols for Mobile Adhoc and Wireless Sensor Networks: A Comparative Study", International Journal of Recent Trends in Engineering, Vol 2, No. 4, novembro de 2009.

[2] Dr. P.K.Suri, Lokesh Pawar, "Design of Simulator for Finding the Delay Distribution in Delay Tolerant Networking", Global Journal Inc. (USA) GJCST,Vol.12, Issue 14, Version 1.0 2012.

[3] C.E. Perkins e E.M. Royer, Ad-hoc ondemand distance vetor routing, in: Proc. Of 2nd IEEE Workshop on Mobile Computing Systemsand Applications (1999).

[4] C.E. Perkins, E.M. Royer e S.R. Das, Ad hoc on-demand distance vectoring (AODV) routing, IETF MANETWorking Group, Internet-Draft (março de 2000)

[5] C. E. Perkins e P. Begat, "Highly Dynamic Destination-Sequenced DistanceVector Routing (DSDV) for Mobile Computers," Proceedings of the ACM SIGCOMM'94 Conference on Communications Architectures, Protocols, and Applications, London, United Kingdom, August 1994, pp. 234-244

[6] C.-C. Chiang, Routing in clustered multihop mobile wireless networks with fading channel, in: Proceedings of IEEE SICON, abril de 1997, pp. 197-211.

[7] C. Toh, A novel distributed routing protocol to support ad-hoc mobile computing, in: IEEE 15th Annual International Phoenix Conf., 1996, pp. 480-486.

[8] D. B. Johnson, D. A. Maltz, Y.C. Hu, "The Dynamic Source Routing Protocol for Mobile Ad Hoc Networks (DSR)", projeto da IETF, abril de 2003,

[9] D. B. Johnson e D. A. Maltz, "Dynamic Source Routing in Ad Hoc Networks", Mobile Computing, T. Imielinski e H. Korth, Eds.,Kulwer Publ., 1996, pp. 152-81

[10] Dr. P.K.Suri, Lokesh Pawar," Stochastic Simulator For Estimating Delay In DTN Environment", International Journal of Emerging Technology and Advanced Engineering (IJETAE),Vol. 2, Issue 8, Aug 2012.

[11] E. M. Royer e C. E. Perkins, "Multicast Operation of the Ad-hoc On-Demand Distance Vetor Routing Protocol", nas Actas da 5.ª Conferência Internacional Anual ACM/IEEE sobre Computação Móvel e Redes (MOBICOM í99), EUA, pp. 207-218, agosto de 1999.

[12] E. M. Royer e C. E. Perkins, "Multicast Ad hoc On-Demand Distance Vetor (MAODV) Routing", Internet Draft: draft- ietf-manet-maodv-00.txt, 2000.

[13] Fan Bai, Narayanan Sadagopan, Ahmed Helmy, "IMPORTANT: A framework to systematically

analyse the Impact of Mobility on Performance of RouTing protocols for Adhoc NeTworks", IEEE INFOCOM 2003

[14] Guangyu Pei; Gerla, M.; Tsu-Wei Chen; "Fisheye state routing: a routing scheme for ad hoc wireless networks", IEEE International Conference on Communications, 2000.

[15] G. Pei, M. Gerla, X. Hong, C. Chiang, Um protocolo de encaminhamento hierárquico sem fios com mobilidade de grupo, em: Proceedings of Wireless Communications and Networking, New Orleans, 1999.

[16] J.J. Garcia-Luna-Aceves, C. Marcelo Spohn, Source-tree routing in wireless networks, in: Proceedings of the Seventh Annual International Conference on Network Protocols Toronto, Canada, October 1999, p. 273.

[17] J. G. Jetcheva e D. B. Johnson, "Adaptive demand-driven multicast routing in multi-hop wireless ad hoc networks," In Proceedings of the 2001 ACM International Symposium on Mobile ad hoc networking and computing, pp. 33-44, 2001.

[18] M.K. Jeya Kumar and R.S. Rajesh , "A Survey of MANET Routing Protocols in Mobility Models", International Journal of Soft Computing(IJSC), Volume-4, Issue-3, Page No.-136-141, Year: 2009.

[19] M.Uma, Dr.G.Padmavathi, "A Comparative Study And Performance Evaluation Of Reactive Quality Of Service Routing Protocols In Mobile Adhoc Networks", Journal of Theoretical and Applied Information Technology

[20] Md. Shohidul Islam, Md. Naim Hider, Md.Touhidul Haque e Leton miah, "An Extensive Comparison among DSDV, DSR and AODV Protocols in MANET", International Journal of Computer Applications (0975 - 8887) Volume 15- No.2, fevereiro de 2011

[21] M. Joa-Ng, I.-T. Lu, A peer-to-peer zone-based two-level link state routing for mobile ad hoc networks, IEEE Journal on Selected Areas in Communications 17 (8) (1999)1415-1425.

[22] Ming-wei Xu, Qian Wu, Guo-liang Xie, You-jian Zhao, "The impact of mobility models in mobile IP multicast research," International Journal of Ad Hoc and Ubiquitous Computing, vol. 4, no.3, pp. 191 - 200, 2009.

[23] Malarkodi, P. Gopal B. Venkataramani, "Performance Evaluation of Adhoc Networks with Different Multicast Routing Protocols and Mobility Models," International Conference on Advances in Recent Technologies in Communication and Computing, pp.81-84, 2009.

[24] Narendra Singh Yadav, R.P.Yadav, "Performance Comparison and Analysis of Table-Driven and On-Demand Routing Protocols for Mobile Ad-hoc Networks", International Journal of

Information and Communication Engineering 4:6 2008

[25] Parma Nand, Dr. S.C. Sharma, "Comparative study and Performance Analysis of FSR, ZRP and AODV Routing Protocols for MANET", 2nd International Conference and workshop on Emerging Trends in Technology (ICWET) 2011 Proceedings publicado pelo International Journal of Computer Applications

[26] Rajendra V. Boppana, Anket Mathur, "Analysis of the Dynamic Source Routing Protocol for Ad hoc Networks", Proc. Workshop sobre redes sem fios da próxima geração, pp 1-8, 2005

[27] R.Manoharan e E. Ilavarasan, " Impact of Mobility On The Performance of Multicast Routing Protocols In MANET's", International Jouranal of Wireless & Mobile Networks(IJWMN),Vol.2,No.2,May 2010

[28] Ravinder Ahuja, "Simulation based Performance Evaluation and Comparison of Reactive, Proactive and Hybrid Routing Protocols based on Random Waypoint Mobility Model", International Journal of Computer Applications (0975 - 8887) Volume 7- No.11, October 2010.

[29] Santosh Kumar,S C Sharma, Bhupendra Suman, "Simulation Based Performance Analysis of Routing Protocols Using Random Waypoint Mobility Model in Mobile Ad Hoc Network", Global Journal of Computer Science and Technology Volume 11 Issue 1 Version 1.0 February 2011

[30] Sabina Barakovic, Suad Kasapovic, e Jasmina Barakovic, "Comparison of MANET Routing Protocols in Different Traffic and Mobility Models", Telfor Journal, Vol. 2, No. 1, 2010.

[31] Lokesh Pawar, "Review of various optimization techniques in MANET Routing Protocols", International Journal of Science and Technology Education and Research, Vol. 4, No. 8, August 2015.

[32] S. Sathish, K. Thangavel e S. Boopathi, "Performance Analysis of DSR, AODV, FSR and ZRP Routing Protocols in MANET", MES Journal of Technology and Management, pp 57-61

[33] Sachin Kumar Gupta & R. K. Saket, "COMPARAÇÃO DAS MÉTRICAS DE DESEMPENHO DOS PROTOCOLOS DE ROUTEAMENTO AODV E DSDV NAS MANETs

U SING NS-2" , www.arpapress.com/Volumes/Vol7Issue3/IJRRAS_7_3_15.pdf, junho de 2011

[35] Sushil Kumar, Dinesh Singh & Mridul Chawla, "Performance Comparison of Routing Protocols in MANET Varying Network Size", International Journal of Smart Sensors and Ad Hoc Networks (IJSSAN) ISSN No. 2248-9738 (Print) Volume-1, Issue-2, 2011

[36] S. Murthy J.J. Garcia-Luna-Aceves, Um protocolo de encaminhamento para redes de rádio por pacotes, em: Proceedings of the First Annual ACM International Conference on Mobile Computing and Networking, Berkeley, CA, 1995, pp. 86-95.

[37] S. Basagni, I. Chlamtac, V.R. Syrotivk, B.A. Woodward, A distance effect algorithm for mobility (DREAM), em: Proceedings of the Fourth Annual ACM/IEEE International Conference on Mobile Computing and Networking (Mobicom_98), Dallas, TX, 1998.

[38] Tamilarasan-Santhamurthy, "A Quantitative Study and Comparison of AODV, OLSR and TORA Routing Protocols in MANET", IJCSI International Journal of Computer Science Issues, Vol. 9, Issue 1, No 1, January 2012,ISSN (Online): 16940814

[39] T.-W. Chen, M. Gerla, Global state routing: a new routing scheme for ad-hoc wireless networks, in: Proceedings of the IEEE ICC, 1998.

[40] T. Camp, J. Boleng e V. Davies, "A Survey of Mobility Models for Ad Hoc Network Research", nos anais da Wireless Communications & Mobile Computing (WCMC), 2002.

[41] W.R. Salem Jeyaseelan e Shanmugasundaram Hariharan, " Investigation on Routing Protocols in MANET", International Journal of Research and Reviews in Information Sciences (IJRRIS) Vol. 1, No. 2, junho de 2011

[42] X. Hong, M. Gerla, G. Pei e C. Chiang, "A Group Mobility Model for Ad Hoc Wireless Networks," In ACM MSWiM, agosto de 1999.

[43] Y.-B. Ko, N.H. Vaidya, Location-aided routing (LAR) in mobile ad hoc networks, in: Proceedings of the Fourth Annual ACM/IEEE International Conference on Mobile Computing and Networking (Mobicom_98), Dallas, TX, 1998.

[44] Z. Bojkovic, M. Stojanovic e B. Milovanovic, "Current Developments towards the 4G Wireless System", Actas da Conferência Internacional TELSIKS, Nis, Sérvia, setembro de 2005, pp. 229-232.

[45] Z.J. Hass, R. Pearlman, Zone routing protocol for ad-hoc networks, Internet Draft, draft-ietf-manet-zrp-02.txt, trabalho em curso, 1999.

[46] Mehran Abolhasan, Tadeusz Wysocki, Eryk Dutkiewicz, "a review of routing protocols formobile ad hoc networks", in elsevier series in ad hoc network 2(2004) 1 - 22 www.elsevier.com/lacate/adhoc.

Printed by Books on Demand GmbH, Norderstedt / Germany